投资理财
从入门到精通

FINANCE AND
INVESTMENT
FROM ENTRY TO
THE MASTER

墨知行◎编著

中国商业出版社

图书在版编目（CIP）数据

投资理财从入门到精通／墨知行编著. —北京：中国商业出版社，2016.7（2022.3重印）

ISBN 978-7-5044-9523-5

Ⅰ. ①投… Ⅱ. ①墨… Ⅲ. ①投资—基本知识

Ⅳ. ① F830.59

中国版本图书馆 CIP 数据核字 (2016) 第 184254 号

责任编辑：武文胜

中国商业出版社出版发行

(www.zgsycb.com　100053　北京广安门内报国寺 1 号)

总编室：010-63180647　　编辑室：010-83128926

发行部：010-83120835/8286

新华书店经销

天津旭非印刷有限公司印刷

*

710 毫米 ×1000 毫米　16 开　16 印张　194 千字

2017 年 1 月第 1 版　2022 年 3 月第 13 次印刷

定价：39.80 元

* * * *

（如有印装质量问题可更换）

前言
Preface

　　每个人都渴望财富，但很多人认为，追求财富是一个艰难的过程，甚至将拥有财富视为无法实现的梦想。其实，只要掌握了方法，每个人都可以成为富豪。对于想拥有财富的人来说，投资理财就显得非常重要了。

　　现如今，积累财富不能只靠工作，而要靠投资已经成为一种共识。正所谓"你不理财，财不理你，理财要趁早！"可以说，理财是财富积累和增值的最佳手段，股神巴菲特说："一生能够积累多少财富，不取决于你能够赚多少钱，而取决于你如何投资理财，钱找钱胜过人找钱，要懂得钱为你工作，而不是你为钱工作。"

　　巴菲特一生都在投资，他以100美元起家，靠着非凡的智慧和理智的头脑，在短短的40多年时间里创造了400多亿美元的巨额财富，从而演绎了一段从平民到巨富的投资传奇。

当然，投资者只拥有投资热情是不够的，还需要拥有正确的投资理念。投资是一门学问，更是一门艺术，与我们财富甚至生活质量息息相关。对于生活中的每个人而言，都非常有必要下功夫钻研"投资理财"这门学问，并掌握其精髓。

有这样一句谚语："世界是不变的，唯一可以改变的是我们自己。"实质上，我们每个人都有成功的潜质，只要你拥有了正确的理财观念，富有和成功乃是人生的必然。因此，每个人都有必要钻研投资学，但投资学涉及广泛，博大精深，怎样才能够快速掌握其精髓并为我们所用呢？本书在这样的困惑中产生，意在成为一个投资的指导读本，帮助读者转换思维、获取知识、快捷打开财富大门，教给你最想要的投资知识。

目录
Contents

第三章 **慧眼识股，把握股票投资的关键**

第四章 **债券投资，收益稳定的理财工具**

第五章 基金投资，借助专家的力量进行理财

第六章 保险投资，给未来生活一个保障

第一章

理性投资，了解理财的基本常识

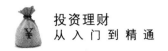

投资理财不仅仅是富人的专利

谈起投资理财，很多人认为那是有钱人的专利。持这种观念的人认为，每个月的薪水在支付日常生活开销后就囊中羞涩，哪里还有余钱去理财。从表面上看，这种想法很有道理，月光族似乎真的无财可理。

事实上，投资理财并不是富人的专利，越是没钱的人越需要理财。正所谓"你不理财，财不理你"。每个人都可以理财，但是首先要有良好的心态，抛弃"没财可理""不会理财"的观念。

赵磊大学毕业后，在一家外企从事策划工作，月薪 6000 元，虽然所在城市平均月薪在 3000 元左右，消费水平一般，但是吃饭、租房子七七八八算下来，赵磊月月光。学经济专业的他很想去投资，可惜手中无钱。看到好的投资项目也只能望洋兴叹。

尽管有投资的打算，可赵磊仍然不开源节流，毕业两年，虽然每日朝九晚五，辛苦打拼，但他仍然囊中羞涩。

王斌是赵磊的同学，两人收入相同，但王斌在生活方面很有规划，他每月按时在银行存 1000 元，两年下来，王斌存款 2.4 万元。由于手中握着两万多元的资金，王斌感到"钱生钱"有了可能，开始留意做一些投资让自己资产增值。

同样的收入，一个是月光族，另一个却能每月有存款。由此可见，有些人并不是没财可理，只是不会理财。对于资金不充裕的人来说，可以根据自身的经济能力量力而行，如果每个月都把仅剩的那些钱用来理财，久而久之就会积少成多。比如，每个月存下 500 元，按照 P2P 理财年收益率为 10% 计算，第 5 年本息总额是 35677.11 元，第 10 年本息总额是 93869.19 元，那么存 30 年本息总额是多少呢？答案是 1032760.24 元，由此可见，只要善于理财，小财也可以变大财。

当然，在选择 P2P 理财平台时需要谨慎。P2P 是互联网金融中的一个平台，通过网络将闲钱、工资存到 P2P 平台上，所产生的利息相当可观。但是目前中国的 P2P 公司为了吸引投资人，花样百出，因此不能盲目选择，需要谨慎。

在这个世界上，没有人天生就是富翁，多数人的财富都是靠投资理财赚来的。被人们称为股神的巴菲特也是通过投资复利，利滚利、钱生钱成为世界著名大富翁的。巴菲特说："一生能够积累多少财富，不取决于你能够赚多少钱，而取决于你如何投资理财。"

同样，富翁李嘉诚说："30 岁以前人要靠体力、智力赚钱，30 岁之后要靠钱赚钱（即投资）。"他认为，20 岁以前，所有的钱都是靠双手勤劳换来的，20 岁至 30 岁之间是努力赚钱和存钱的时候，30 岁以后就是靠投资理财来赚钱。

也许你现在觉得自己的收入在解决衣、食、住、行之后所剩无几，是个名副其实的穷人，无财可理，等有钱以后再想理财的事情。其实，只要你愿意，你仍然有财可理，以下方法可供学习：

1. 定期储蓄

对于绝大多数工薪阶层而言，定期储蓄是储备资金的首选理财方式，不

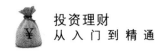
仅安全可靠，而且手续方便。你可以做一个这样的计划，无论你的收入多少，每月都将 10% 的收入存入银行，而且保持"不动用""只进不出"的原则，长此以往，就会为聚敛财富打下一个坚实的基础。

定期定额存款，让自己养成储蓄的好习惯。另外，不同的银行，利率都是不一样的，选择利率高的银行存。

2. 每日记账，理性消费

要想理财，还要养成每日记账的好习惯。生活中，很多人其实并不是因为穷而没财可理，而是没有合理的消费习惯，看见什么好就买什么，而不去考虑它的性价比是多少。而养成记账的好习惯，可以清晰地知道自己的收支情况，并且通过记录的分析可以知道哪些消费是不必要的，从而让消费更加的理性。

从现在起，你在消费前，一定要先想想所要买的东西是"需要"还是"想要"，然后尽量压缩"想要"的支出，只买"需要"的东西。同时，还要做好预算。你可以列出家里每月的固定开销，比如房租、生活费、水电费和保险金等，然后列出其他方面的必要开支，如买衣服的费用、交通费、医药费、教育费、礼金等。一定要切实地根据家庭的需求进行预算。有时候，预算是要有严格的自制力的，谁都知道，这是一件很难做到的事情，因为我们买不下所有的东西。但是，我们至少应该明白，有哪些东西是必需的，然后舍弃那些不是很需要的东西，这样你就会养成理性消费的习惯。

3. 开源节流

对于初入职场的年轻人来说，采取开源节流并重的稳健理财方式，严格控制非必要性支出很重要，比如，在租房、衣、食等消费方面严格控制。例如，可以和同事或朋友合租来减少租房费用，尽量自己做饭，减少外出吃饭的次数等。

同时，先将剩下来的钱用作生活必需准备金。对于职场新人来说，首要的财务目标就是储蓄 3 至 6 个月的生活必需准备金。因为刚开始工作的前几年，不一定能顺利地找到适合自己长远发展的工作，有变换工作的可能性，为使转换工作中生活不致遭受过大冲击，或是影响应付意外支出的能力，生活准备金是相当重要的。在留足应急备用金的前提下，可将自己储蓄的 30% 拿来购买理财产品。

4. 拟定生活目标

根据人生规划的进程，了解自己生活需求，拟订短、中、长期的财务目标，在此基础上再制订理财计划。当然，在制订理财计划时，首先要了解自己的开销，建立收支记录，并编列必要预算，拟定合适的财务目标，提高理财动力，并定期检讨、弹性调整，让理财计划不致成为生活负担。

5. 不忽视小钱

只要你想理财，就要立即执行，从第一笔收入、第一份薪金开始，即使第一笔收入或薪水中扣除个人固定开支外所剩无几，也不要低估小钱的聚敛能力，100 万元有 100 万元的投资方法，100 元也有 100 元的理财方式。

投资理财是一个由小积大、积少成多的过程，只有先将小钱积累起来，你才可能把小钱变成大钱。所以，不能总是因为嫌小钱投资赚得太少而不去行动——不积跬步，无以至千里。当你对小钱投资都异常热情时，那么对于大钱的投资掌控能力肯定也会相当出色了。

总而言之，小钱就像零碎的时间一样，懂得充分运用，随着时间的推移，就会显示出惊人的效果。因此，在理财时，不要好高骛远，要脚踏实地。

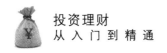
合理设计自己的投资之路

随着中国经济的不断发展，理财产品五花八门，投资者跟风效应盛行。对于投资者来说，随波逐流是禁忌。这是因为任何一种投资行为都存在一定的风险，投资者只有在了解自己、了解市场的基础上才能做出适合自己的投资决策。倘若不去独立思考，只是一味地跟风，顺应潮流，必将增加投资的风险。

个人在投资时，要根据自身的经济情况及自身的能力，理性思考，合理投资。一般来说，一个合理的投资规划要从以下几个步骤进行：

第一步：先弄清楚几个问题

(1) 自己有多少可支配的资金？有多少资金可长期投资？

投资者有足够数量、来源可靠而合法的资金，是制订投资计划的前提。在投资前，先根据自己的实际情况作一个统筹规划，多少钱是用来投资的，多少钱是用来满足日常所需，或者作为备用金的。

(2) 自己承受风险的能力有多大？

风险承受能力的大小常常用对资金投资收益的依赖程度来判定。如果对投资收益的依赖很大，应该选择债券、优先股等安全可靠、有稳定收益的证券投资项目或者把握比较大的实业项目。

如果对投资的依赖性小，则可以选择收益较大但风险也高的项目进行投资。

(3) 自己是否懂得投资知识？对数字是否敏感？能纯熟地运用一种技术分析方法吗？

投资时，切忌盲目。投资是一种技术活，知识和经验非常重要。对于不懂投资的人来说，通过阅读书籍和合理的操作，获得一定的知识，会对投资者有所帮助。而对于投资股票的投资者来说，能看懂技术图对于买卖来说也十分重要。相反，如果不懂得任何投资常识，那么投资行为就存在巨大的风险。因此，假如你对投资的技巧一窍不通，那么还是先暂停投资吧。

（4）你对于哪种投资项目比较熟悉？

如果投资者有熟悉的投资领域，知识结构中对哪些投资方法更为了解，以及人生经验中对哪种投资的操作更为擅长，都会对制订投资计划有帮助。

例如，对于股票投资，选择自己熟悉、了解的行业的上市公司，运用自己掌握的方法来操作，对成功投资会大有帮助。

第二步：大环境适合投资吗？

俗话说"大河有水小河满"，在投资的过程中，对大环境有一个清晰的判断很重要，这是决定进行投资操作的前提。

把握市场趋势是投资理财获利的一个先决条件，当市场不明朗时，若进行投资，有可能就会失利，而当经济处于上升期，整个社会的投资都体现出一个较好的态势时，投资往往能够取得一个很不错的结果。

因此，投资者必须要学会根据环境的变化来调整自己的操作策略，如果判断市场环境趋坏的话，就要谨慎地选择是否进行投资。

第三步：投资预期收益是多少？

在制订投资规划时，要考虑预期收益，该收手时就收手，切忌贪婪。比如，2007 年股市达到 6124 点的高点时，很多投资者已经赚得盆满钵满了，却都迟迟不肯放手，待 2008 年大盘跌到 1600 多点时，后悔不已。

这就是因为没有合理的预期收益所造成的，任何一项投资，都不要抱着

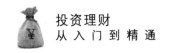
一夜暴富的心理，特别是在股市中，因贪心而损失惨重的比比皆是。设置投资预期收益是控制贪欲的良方，不管是投资房产、黄金等实物，还是股票、债券、基金等金融产品，或是店铺、工厂等实业，都不能抱着一口吃个大胖子的心理。假如你对投资抱有过高的预期，往往会让你碰得头破血流，得不偿失。

在投资之初，设定自己的抛售价位，谨守底线，才能既防范风险又能得到预期收益。

第四步：懂得投资组合的设计

当一切准备就绪后，就需要设计投资组合了。市场千变万化，为了应对市场的变化，在投资时不要把鸡蛋放在一个篮子里，通常来讲，分散自己的投资组合更能够收获长期的、安全的利益。

现如今，传统单一的理财产品已经不能满足投资人的需要，越来越多投资人青睐多品种的投资组合。据汇付天下 2015 年发布的金融调查报告显示，68.7% 的投资人尝试过 2 ~ 5 种投资方式，仅有 9.4% 的投资人只投资过一种投资产品，另有 21.9% 的投资人尝试过超过 5 种以上的投资种类。

你一旦决定采用广泛分散的投资组合，那么就开始着手设计适合你自己的投资组合吧。根据个体差异，投资组合一般包括以下三种：

(1) 冒险速进型投资组合。

适合人群：收入不菲，资产丰厚，无后顾之忧的投资者。

投资模式：储蓄、保险投资为 20%，债券、股票等投资为 30%，期货、外汇、房地产等投资为 50%。

从投资模式我们可以看出，这一类的投资组合将大部分财产投入到升值更快，然而风险也相对较大的投资领域，对于高薪阶层来说，由于经济实力雄厚，手中可支配的资金多，将手中的闲散资金用于高风险、高收益组合投资，可以达到保值增值的目的。另外，由于这类投资者收入较高，对风险的承受力相对要大，即使偶尔发生损失，心理也能承受。

（2）稳中求进型投资组合。

适合人群：普通家庭，中等以上收入，有较强风险承受能力的投资者。

投资模式：储蓄、保险投资为 40%，债券投资为 20%，基金、股票投资为 20%，其他投资为 20%。

这种组合模式具有多样化、分散化的特点，由于存在保守型的保险、储蓄等投资，可以保证资金安全，降低风险；而债券、基金和股票的投资有助于财产快速升值。当风险来临时，由于有储蓄和保险的那一份作保障，投资的风险相对较小。

（3）保守安全型投资组合。

适合人群：中老年群体，收入不高、追求资金安全的投资者。

投资模式：储蓄 60%、保险投资 10%，债券投资 20%，其他投资为 10%。

可以看出，这个投资组合将大部分的资金用来储蓄和购买保险，市场风险较低，安全性高、资金流动性好。

保险和储蓄这两种收益平衡、风险较小的投资构成了稳固、坚实的塔基。少量的债券和其他投资，即使出现市场下滑，也能保证资金的安全。

以上三种投资组合根据投资者的高、中、低三种投资目标层次而设定，当然，在实际操作中，各种投资工具的比例并不是一成不变的，投资者可根据自身的需求设置更多的投资组合，达到收益和风险的最佳配比。

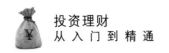
理性投资，果断与谨慎并行

在很多人的观念中，投资理财目的就是赚大钱，为了达到这个目的，于是就变得急功近利起来，甚至抱着赌一把的心态，从而把自己"堕落"为一个投机的"赌徒"，不冷静分析思考，就被一些表面的高额回报广告所诱惑，踏入陷阱，结果事与愿违，赔了夫人又折兵。

投资者应该明白，任何投资行为都存在一定的风险，投资者只有在了解自己、了解市场的基础上做出适合自己的投资决策，才是对自己负责任的表现。任何盲目听从他人意见或"随大流"的行为，非但不能降低投资风险，反而容易给自己的投资带来更大的损失。

看到周围的朋友都在炒黄金，邓先生很心动，近一段时间，股市行情一直低迷，邓先生认为，中国的股市是政策性市场，而炒黄金这个平台却是世界性的，并且平时很多朋友都说黄金是一种避险工具。

在和炒黄金的朋友交谈时，朋友告诉他，最近几天黄金有筑底迹象，这时候买黄金最划算。于是，老邓就打算把家里用作买车的 7 万元用来投资黄金，想着如果赚了钱就可以买辆自己心仪已久的好车。

经过观望，黄金一直在每盎司 1702 美元左右徘徊。邓先生认为，经历很长时间低迷的黄金已经基本跌到位。于是，他就在每盎司 1700 美元附近重仓买了 3 手，未设止损，信心满满地等着第二天大赚一笔。结果第二日早晨，他上网一看，就傻眼了。黄金最低跌到每盎司 1660 美元。因为未设止损，他的账户已经爆仓了。此时，邓先生后悔不已。

在上述案例中，邓先生抱着大赚一笔的心态去投资黄金，缺乏理性，结果造成亏损。有理财专家指出："在投资时，要克服自己的心理，控制好自己的情绪，心中要明确什么事情可以做，什么事情不可以做，千万不要随大流。并且，要合理地规避风险，然后你才能获利。获利应该有合理的预期，比如有朋友去年买了基金，挣了一倍，你千万不能想今年你要买的话还能挣一倍，这种预期会让你丧失理智，把自己胃口吊得特别高。"

邓先生的经历告诉我们，投资不是投机，需要理性，这是投资的关键，是决定投资成功与否的主要因素。投资要理性，就是要求投资者首先要有强烈的追求财富的梦想与激情，即果断一些，同时，还要有应对风险的意识，即谨慎一些。只有做到果断与谨慎并行，才能降低投资风险。

投资要果断，一是指在机会面前能及时、准确地做出判断。二是指要有自信心，不人云亦云、随波逐流。其要求投资者在保持投资理性的同时，也要学会培养足够的投资胆识，当机立断。总之，要做一个成功的投资者，就要有足够的胆识，否则就会错过赢利的机会。

当然，投资除了要果断之外，也要谨慎。众多投资者的失败，都是因为贪婪所致。股神巴菲特在分享投资秘籍时说："每个人都会恐惧和贪婪，我不过是在别人恐惧的时候贪婪，在别人贪婪的时候恐惧罢了。"由此可见，贪婪是造成投资失败的一个主要因素之一。

很多时候，明明投资机会已经达到最佳，但是投资者还不满足，希望再等一等，幻想着后面还有更大的利润空间，其实这就是贪婪的心理在作怪。贪婪是万恶之本，投资市场上的很多投资者都因为自己的贪婪而付出了巨大的代价。所以在投资时要克服贪婪，谨慎一些。

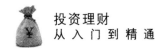
总而言之，智慧的投资者在投资市场上，一般都是"一颗红心，两手准备"，既勇往直前、自信果断，也留有余地，谨慎知足。

顺势而变，关注市场宏观经济

投资理财，首先要选择有利于赚钱的大形势。中国社会科学院金融研究所研究员易宪容指出："不要感觉宏观经济不重要。作为一个好的投资者，一个真正赚钱的投资者，你首先要明确的就是'大势'。只有大势看对了，投资收益才会在市场低迷时仍保持较好水平。如果你大势看不清楚，不了解宏观经济情况，那么你很有可能会在微观方面被打得落花流水。"

投资市场有句名言：看大势赚大钱，看小势赚小钱，看错势倒赔钱。这里的"势"就是趋势，就是大的投资环境。综观投资高手，都对宏观经济趋势非常敏感。他们时刻都在关注经济热点，了解宏观经济状况，并根据具体情况做出自己的投资决策。

30多岁的张强上有老下有小，要养房养车养小孩，每月的支出要很大一笔费用。为了多赚点钱补贴家用，他打算把手头的闲置资金2万元投入到股市里，然而没两个月就赔了近5000元。这让张强很郁闷，没想到进入股市不仅没赚钱，反倒赔了钱。

相比于张强，他的好朋友赵亮却在股市里收益颇丰，这让张强羡慕不已。为了学习炒股知识，张强特意请赵亮吃饭，酒足饭饱后，赵亮自豪地说："炒股有一秘诀，叫作——选股不如选时。"

原来张强不懂如何投资股票，冒冒失失进入股市时，正是市场低迷不振之时，因此不懂得顺应大势的张强赔了钱。相反，赵亮每次选股时，都会提前做许多功课，研究当前的经济形势。

以上实例说明，经济形势的好坏对投资结果有着很大的影响。投资要顺应大势，也就是说投资者在投资时要对当前的宏观经济了如指掌。众所周知，在中国炒股，一是看政策，二是看外资。可见，在中国影响股票市场大形势的主要因素一个是宏观经济政策，另一个是要看外资动向。

中国的经济受宏观经济政策的影响非常大，所以，成熟的投资者都懂得关注宏观经济政策，因为宏观经济发展水平和状况对投资市场有着重大影响力，而且波及范围广泛、作用机制也相对复杂。

政府对市场经济进行管理，最主要的手段就是对国家宏观经济政策的调控。比如，当经济出现过热局面，总需求大于总供给时，政府一般会采取各种紧缩性政策抑制过度需求，如提高利率、增加税收、紧缩银根等，对投资者来说势必增大其筹措投资资金与投资物品的难度，降低其投资收益水平，从而抑制投资行为。

相反，当经济低迷时，政府就会采取扩张性政策如降低税率与利率、增加政府支出、增加进口等，通过这些手段来刺激消费需求，投资者此时投资不仅易于筹措资金与投资品，还可降低投资成本，所以投资需求将会增大。

因此，投资者如果能够看清国家宏观经济形势，就可以先发制人，提前做好准备工作，针对不同经济运行态势采取不同的投资策略。那么，投资者如何准确地对国家的宏观经济政策做出分析判断呢？

第一，了解各种经济政策的功能特性等。只有对各种经济政策的目标、政策手段、政策工具、种类等有了全面深刻的认识，才能知道在何种经济形

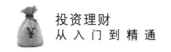
势下应采取何种政策措施，才可能做出正确的分析与预测。

第二，对现行政策有效性的评价。了解目前实行的政策取得了何种成效，在哪些地方还存在不足，在哪些领域失去效用等，为预测下阶段可能的政策措施打基础。

第三，对各种经济政策的预测。通常而言，政府制定各种经济政策的主要依据有几方面：当前经济运行中的问题、经济发展的客观要求及其他因素如国内国际政治条件的变化等。因此，投资者进行预测也应该从这几方面进行。

需要注意的是，投资者在对国家宏观经济进行分析时，必须结合对国民经济形势的分析。这是因为，经济政策的制定与实施并非无本之木，它总是产生于一定经济环境之中，为一定的经济目的服务。因此，只有在深入了解整体经济形势的基础上，才可能正确分析各项经济政策。

也许，对于不懂经济的普通老百姓来说，分析并判断国家宏观经济政策有一定的难度，事实上，了解当前的经济形式和经济政策，也就是每日多看看新闻，知道国家发布了什么新政策，什么地方吸引了外资等，这些都可以作为投资的参照。

警惕掉入投资陷阱

每个人即便不炒股、不买基金，不炒外汇，也多多少少会买点其他的理财产品。虽然理财的重要性大家都懂，但是理财其实并不是手到擒来、易如反掌之事。在利益的驱动下，一些不法分子往往会利用投资者想赚大钱的心理，设置一些陷阱，趁机把投资者的钱装入自己的口袋。

任何时候，收益都与风险共存，想要投资理财，就要了解一些投资理财的陷阱。投资虽然是财富积累的一个重要手段，但在投资的过程中，往往会有令人防不胜防的陷阱。这些陷阱随时都有可能张开血盆大口吞噬掉投资者的资本，使投资血本无归。

伯纳德·麦道夫是纳斯达克前主席，也是美国历史上最大的诈骗案制造者，其操作的"庞氏骗局"诈骗金额超过600亿美元。2009年6月29日，麦道夫因诈骗案在纽约被判处150年监禁。

麦道夫诈骗案的影响已经超过美国本土，涉及世界主要银行和对冲基金，英国皇家苏格兰银行、汇丰控股等企业都成为其受害者。曾经有人开玩笑地说，如果以投资工具来比喻麦道夫，他被视为最安全的"国库券"，而这个号称"最安全"的人却开了全世界一个最大的玩笑，多国金融机构、富豪名流纷纷掉入麦道夫的陷阱。最惨的是那些血本无归的个人投资者，他们中有好些人把自己的全部积蓄或者养老的钱投了进去，结果却损失殆尽。

分析麦道夫骗局成立的原因，除了金融监管的缺失外，还与其"赚钱神话"是分不开的。任何一个投资基金，在相对比较成熟的美国市场，不管是熊市，还是牛市，每年都能有10%甚至更高的投资收益，用许多美国分析师的话说，"这是好得让人难以想象的事实"。

当然，在新兴市场，一些投资基金一年的收益率超过30%，甚至50%也是常见的事情。但即便如此，一个投资基金每年都能有这样的高回报率，可能性也是微乎其微的。这就好比股市总有波动，投资总有盈亏，如果有人对外宣称"投资只赚不亏"，那么，你就要好好想想，审慎投资。

麦道夫的锒铛入狱，提示投资者：在贪婪和恐惧交织的资本市场，众多

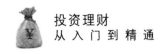

美丽诱人的骗局仍在继续。投资者应擦亮自己的眼睛，警惕掉入投资陷阱，特别是以下陷阱要小心。

陷阱一：分红的秘密

很多被忽悠购买分红险的投资者都是通过银行销售人员介绍和推荐的，夸夸其谈称资金可以随时支取，每年有 7% ～ 8% 的收益等来误导投资者。目前银行代销的大部分保险都是分红型和投连型保险，这类保险的整体的保障功能不强，整体保费较高，而且分红险中的分红并不能保证。

陷阱二：网络理财陷阱

以"天天返利""保本保收益""收益可达 20% 以上"等诱惑性信息为噱头，打着帮投资者购买原始股等有价证券的旗号，让投资者的资金汇入他人账号中骗取钱财。投资者切忌被高收益迷惑，一定要认清销售人员和投资渠道的资质，遇到需要往某人账户中汇款的要求，一定要小心避免掉进陷阱。

陷阱三：民间借贷骗局

以年利率 20%、30% 甚至更高的回报为幌子，投资者一开始投入几万元后，尝到"甜头"便追加几十万元，甚至几百万元，最终借款人逃跑、企业倒闭。总之，天上不会掉馅饼，民间借贷一定要小心谨慎，尤其是面对如此高的回报，投资者更要注意风险控制。

陷阱四：P2P 平台跑路

以高利为诱饵，采取虚构借款人及资金用途、发布虚假招标信息等手段吸收公众资金，突然关闭网站或携款潜逃。没有合作的金融担保机构；平台对借款项目进行自担保；利用高息吸引投机类的投资者，如年化利率高于 30% 以上。在选择 P2P 时，平台很重要！不仅要了解平台的背景，如风险控制能力、自由资金实力，平台的运作模式也很重要，如借款人来源，选择有抵押的人作为借款人，基本可以保障安全，但以信用借款人，主要以征信单、房产证、收入证明等作为评估参考依据，其风险仍不可能完全避免。

陷阱五：电信诈骗

如今，电信诈骗的花样也是越来越多，例如，说可以领取一笔新生儿补贴费的、冒充司法机关工作人员的、虚假中奖信息的……这是老生常谈的话题了，但形式无非是通过电话，企图让你转账汇款。接到这样的电话，无论理由是什么，只要让你汇款，一定要谨慎，不要相信。

如何应对众多的投资陷阱？这需要投资者理性对待理财，不懂、不了解的产品类型就不去接触。并且需增强风险意识，谨慎选择投资渠道。总结起来，大部分的投资陷阱具有如下特点：

(1) 告诉投资者能"一夜暴富"。

(2) 告诉投资者"无风险高收益"。

(3) 迅速给投资者"甜头"。

(4) 虚构"有实力"的形象。

(5) 构建"神坛"，打造"神人"。

(6) 告诉投资者是创新项目。

(7) 告诉投资者是海外项目。

投资者可以通过以下方法来规避陷阱。

第一，克服自身的弱点，如贪婪、企图走捷径等，要始终相信天上不会掉馅饼。

第二，运用六步自问法。

(1) 卖给我产品的那个人或组织信誉如何？

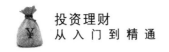
（2）他拿我的钱干什么去？有人监督资金使用情况吗？他靠什么赚钱？

（3）我买到了什么？我赚什么钱？我赚钱有保证吗？

（4）投资收益率合理吗？（过高的投资收益率基本上都是不可信的，比如每年 30% 以上。）

（5）我一旦不想要这个产品了，能卖出去、能套现吗？

（6）如果产品卖不出去，我能自己留着用吗？

当你弄明白这些问题后，再考虑是否要进行投资那个项目。只有这样，才会避免掉入投资陷阱。

通货膨胀下的投资策略

近年来，随着中国经济的发展，水价、天然气价、粮价、菜价、油价、房价……与生活息息相关的一切物价均呈上涨趋势。于是，通货膨胀这一经济学名词频频见诸报端。

所谓通货膨胀，主要是指价格和工资的普遍上涨。虽然工资的上涨是每个工薪族的愿望，但是随着货币购买力的下降，相同数额的货币却不能再购买到相同的商品或者服务，由此造成老百姓生活水平的下降。

我们来算一笔账，如果你有 5000 元钱，以 5% 的通货膨胀率来说，这笔钱的购买力在不到 15 年里，就会减少一半。在随后的 5 年内，又会再减少一半。通货膨胀率如果是 7%，只要经过 21 年，这笔钱的购买力就会降到只有目前的 1/4。

由此可见，在通货膨胀下，如何投资才能规避这种影响，在当下显得非常重要。那么，投资者该如何投资理财呢？

作为投资者，我们首先要明白，在通货膨胀下，储蓄存款是十分不可取的，因为产生通胀的直接原因是货币发行量超大，稀释了货币的购买力，在一定程度上蚕食了我们的财产。

同样，投资债券类产品也是不可取的，由于债券投资的主要品种是政府或公司通过在市场上发行债券或向公众筹集的贷款，到期后必须偿还，年收益率高于存款，也比股票安全，但收益率远远不抵通货膨胀造成的损失。并且，随着宏观紧缩预期的加强，债市往往呈现出弱势整理格局，且有不断下行的可能。因此，在通胀下，投资国债不是一个明智的选择。

事实上，在通货膨胀条件下，投资者应该考虑保值增值性强，以及具有抗通货膨胀特性的产品，投资以下产品是个不错的选择：

1. 黄金以及黄金衍生品

"货币并非天然是黄金，但黄金天然是货币"，马克思的一句名言道明了黄金的货币地位。作为唯一的非信用货币，黄金自身就有非常高的价值。在通胀时代，纸币会贬值，而黄金却不会，这也使得黄金成为抗通胀的最重要资产。一般来讲，在经济稳定增长的时候，黄金投资往往默默无闻，然而一旦遇到经济或政治动荡的时候，黄金就会挺身而出。

应对通胀的最好办法便是变现金为实物黄金。说起投资黄金，大家都会想到金条、金砖，似乎需要很大的投入才行，然而如今有了黄金期货和一些针对黄金的理财产品，投资黄金的门槛大大降低了，即使资金不多也可以参与投资。

2. 银行理财产品

银行推出的各种理财产品，能有效地抵抗通货膨胀，这些理财产品的主要特点是收益较高、风险适中、流动性一般。如果你是低风险产品的爱好

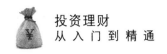
者，不妨去参加银行的理财计划。在通常情况下，银行较好的理财产品收益率高于通胀率。

3. 购买基金、投资股市

购买基金实际上是委托专家进行理财。基金的火爆往往与股市的财富效应是分不开的。一般来说，基金的收益较高，风险也不小。目前市场上有关基金产品层出不穷，让人眼花缭乱。投资股市对有一定承受能力的人也许是个很好的选择，特别是上游公司的股票，例如石油类股。同样，石油服务类公司的收益也会随着石油生产公司的收益同步上升，这类公司需要投资者深度挖掘。

因为在原材料价格上涨的同时，下游公司的股票通常表现不好，这类公司很难直接提高公司产品价格，往往只能选择压缩利润，默默忍受原材料价格的上涨。而上游公司则不同，在通胀的年份里，原材料企业，如石油企业或石油钻探公司，往往表现不错。

总之，通胀有利于股市，因为通胀首先表现在实体经济上，然后会传到资本市场，其表现就是股价的上涨。投资者完全可以通过投资绩优成长股来弥补通胀带来的资产贬值。

如何控制理财风险

很多投资者在投资理财时往往只注重投资收益率，而忽视了产品中蕴藏的风险因素。但是收益率往往和风险成正比例关系，收益率越高，风险就越大。

为了吸引投资者，很多金融机构在宣传理财产品时，往往很注重包装，把收益率描绘得很好，风险却巧妙地掩藏起来。其实，理财的一个重要作用就是在既定的收益水平下尽量降低风险，或者在相同风险程度下尽量提高收益率。因此，认清理财产品的风险，按照自身可接受的风险水平进行合理选择是做好理财的关键之一。

投资风险基本上分为两大类：购买力的损失风险和本金的损失风险。购买力的损失风险是指在投资的过程中收益太低，无法对本金因税收和通货膨胀而减少的那部分进行补偿。本金的损失风险也就是因为自己没有很好地规避风险使得投资的本金受到了损失。

那么，投资者如何控制理财风险呢？可以从以下 5 个方面进行风险控制：

1. 明确自身理财需求

如今，各大银行的理财服务区都配有专业的理财经理为客户分析讲解，他们会按照规范流程详细了解客户的财务状况、投资经验、投资目的、风险偏好、投资预期等情况，并填写《个人客户资料档案表》，投资者可借此明确自身理财需求。

2. 了解理财产品特点

投资者在投资理财产品之前，一定要充分、全面了解该理财产品的类型，比如固定收益型、保本浮动收益型或非保本浮动收益型，然后再根据个人需求及实际情况做选择。例如，部分风险和收益都相对较高的信托类理财产品是投资房地产或其他重大项目的，也有的是投资央行票据或债券的，其风险较低，收益也相对稳定。

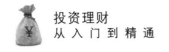
3. 真实全面评估风险

风险评估看似是银行的责任，但它却是投资者在购买银行理财产品过程中最重要的一环。当你有了购买某款银行理财产品意愿的时候，理财人员会指导你填写《个人客户投资风险评估报告》，真实全面对自身的风险偏好、风险认知能力和承受能力进行了解并确认，根据自身的风险评估结果，再选择适合自己的银行理财产品。

此后，银行方面负责人还会再次审核评估报告，查看是否存在销售人员误导投资者的行为，全面避免错误销售或不当销售。

4. 认清理财目标，养成长期投资的习惯

投资者要根据自己的理财目标和实际情况，尽量选择和自己风险偏好相对等的理财产品，并合理配置资产，及时根据市场变化进行策略调整。

5. 分析自身可承受风险水平

风险水平包括两个方面，一是风险承受能力，投资者可根据年龄、就业状况、收入水平及稳定性、家庭负担、置产状况、投资经验与知识估算出自身风险承受能力。二是风险承受态度即风险偏好，可以按照自身对本金损失可容忍的损失幅度及其他心理测验估算出来。

总之，投资者在进行理财前应先评估自身的可承受风险水平，并深入了解准备投资的产品，对于不熟悉的产品可向相关领域的专业人士同进行咨询，避免片面追捧理财的高收益率。

第二章

合理储蓄，告别职场"月光族"

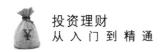
储蓄是所有投资的前提

我国向来秉承储蓄的优良传统，古人储蓄，一是为了积谷防饥，二是为了集腋成裘，可见，在古代，中国人把储蓄作为财富积累的重要手段。

从古至今，很多人将储蓄作为理财的第一步。有钱就存在银行是老百姓最原始的理财方式，即使在理财形式多样的今天，银行存款仍然是最大众、最保险的理财方式。事实确实如此，或许储蓄未必能使我们成为富翁，但不储蓄一定成不了富翁。然而，许多人却忽视了合理储蓄在投资中的重要作用，错误地认为只要做好投资，储蓄与否并不重要。

其实，储蓄是所有投资的前提。试想一下，假如一个人在刚领到工资的时候，不做一些储蓄工作，没到月底就花光所有的钱，那他又哪里有钱去做投资呢？所以说，要想做投资，储蓄是关键。

小赵工作 5 年，一路打拼做到公司的中层，每月薪水可观，可一直没有成家的他在和昔日同窗交流时发现，好多同学的收入未必高过自己，可在家庭资产增值方面已经把他甩在了后面。

小赵表示，自己虽说收入不算少，但每月花钱也很多，因此工作几年下来，买房拿不出首付钱，与"月光族"没有什么两样。最近，小赵看朋友投资股票、基金赚了不少钱，他也很心动，但是这几年他根本没有储蓄，无钱去投资。

在这个案例中，小赵就是因为缺乏合理的储蓄规划而成为名副其实的月光族，结果想理财的时候却无钱可投。由此可见，储蓄是积累投资本金的蓄水池，要投资，就必须学会储蓄。

储蓄是为日后进行投资做的准备工作，持之以恒的积累，是为了能做大投资。所以，储蓄是万里长征的第一步，一定要迈出这一步，并且走好这一步。

1. 未婚族储蓄要点：存、省、投

对于刚参加工作不久的年轻一族来说，一般收入相对较低，而且朋友、同学多，经常聚会，还有谈恋爱的情况，花销较大。所以这段时期的理财以积累资金为主，实现这个计划的战略方针是"积累为主，获利为辅"，其具体可以分三步来实行：存，省，投。

存：就是存钱，可以每个月根据自己的收入情况，从收入中取出 10%～20%存入银行账户，当然存钱的比例要视实际收入和生活消费成本而定。并且在领工资后，一定要先存钱，千万不要在每个月底等消费完了以后剩余的钱再拿来存，这样就会降低存钱的数额。因为如果每月先存了钱，之后的钱用于消费，你就会自觉地节省不必要的开销，而且并不会因为这部分存款而感觉到手头拮据；而如果先消费，再存款，则很容易就把原本计划存的钱也消费掉了。所以建议大家一定要养成先存款后消费的好习惯。

省：就是要节省、节约，尽量减少消费支出，把节省下来的钱用于存款或者用于投资。

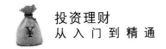
投：在刨除每月固定存款和固定消费之后的那部分资金可以用于投资。对于未婚族来说，如果短期内不存在结婚或者其他大的资金支出，可将每月可用资本（刨去固定存款和基本生活消费）的 60% 投资于风险大、长期报酬较高的股票、股票型基金，或外汇、期货等金融品种；30% 选择定期储蓄、债券或债券型基金等较安全的投资工具；10% 以活期储蓄的形式保证其流动性，以备不时之需。当然，具体的投资比例投资者可根据自身情况酌情而定。

2. 家庭形成期储蓄要点：储蓄为主，兼顾购置房产

家庭形成期也就是指从结婚到孩子出生这段时期，这个阶段的特点是：经济收入有所增加且生活稳定，一般是两个人共同生活，会有更充裕的资金用于理财，但是一般需要解决购房问题。

在家庭形成期，理财重点应该放在继续保持家庭储蓄和合理安排家庭建设的支出方面。这个时期的理财策略是：坚持储蓄为主，兼顾购置房产。理财分为三步：存款、买房、还贷。

存款：保持每月存款的习惯，建议尽量避免不必要的消费，充分准备购房资金。在没有充足的购房款的情况下，可以集中力量攒够购房首付款，先贷款买房（不鼓励大家贷款，除非有长期比较稳定的收入来源，这也是没有办法的办法）。

购房：当然，在做购房计划之前你需要做两个决策，一是租房还是买房；二是买多大的房合适。购房是一项极其重要的理财投资，需要慎重对待。

还贷：建议在允许的条件下尽量少贷款，因为购房贷款很容易使你从富翁变成"负翁"，从房主变成"房奴"，从此将被沉重的贷款利息压得喘不过气来，从而导致生活质量直线下降。因此，不要轻易让大量贷款压在家庭的身上，也许今天花明天的钱很痛快，可是这也会使你的家庭陷入资金危机之中，这时一旦出现任何一点点意外，都会让你措手不及，无法防范。

3. 上有老下有小家庭：应储备紧急备用金

对于处于上有老下有小这个阶段的家庭，负担越来越重，生活也进入了柴米油盐的平淡节奏。这一时期的家庭投资更为稳健和成熟，基本上都是为子女储备教育基金以及紧急备用金，投资方式变得多样化，对理财方法也游刃有余，他们大多选择相对稳妥、收益又高的多样化投资渠道。比如，开放式基金、外汇理财产品、债券、人民币理财产品等都是稳妥有效增加家庭理财收益的手段。

在有了宝宝后，储备教育基金是必不可少的。教育基金的储备尽量尽早开始，因为教育基金一般需要投资 15 年，到期后也是一笔不小的财富。除了储备教育基金外，应给老人和孩子储备一定的备用金，以防突发状况的发生，金额准备的多少以四五个月的家庭支出为准。此外，给家庭买保险是必不可少的。

总之，要学会储蓄，懂得储蓄，给自己制订一个储蓄的基本规划，这是你拥有财富的开端，每个人都应该养成良好的储蓄习惯。

常见储蓄理财的种类

储蓄看似只是把钱存进银行里的一种简单行为，事实上，如何存钱却大有学问，是一种"技术活"。在存钱时，如果能根据自身的实际情况选择用不同的方式存钱，不仅不会耽误资金运用的灵活性，还可以为自己带来更高的收益。

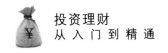

在我国，储蓄存款的基本形式有以下几种：

1. 活期储蓄

活期储蓄，指不约定存期、储户可随时存取、存取金额不限的一种储蓄方式。活期储蓄是银行最基本、常用的存款方式，其来源于人们生活待用款项和滞留时间较短的手持现金，具有存取方便、灵活、适应性强、流动性大的特点。

客户可随时存取款，自由、灵活地调动资金。这是储户进行各项理财活动的基础。但活期储蓄利率较低，其适合存取较为频繁、波动性较大、流动性较强的客户使用。

通常来讲，活期储蓄分为存折储蓄、活期存单储蓄和活期支票储蓄三种。此外还有一种与活期存单储蓄非常相似的存款，那就是通知存款。这类存款在存入时不设定具体的期限，只是约定取款之前必须提前通知银行，例如七天通知存款等。

（1）活期存折储蓄：其是开办比较早的储种之一。开户时 1 元起存，不限上额，银行发给存折，以后凭存折可随时存取，每年 6 月 30 日结息一次，7 月 1 日开始利息并入本金一并生息。未到结息日清户的可同时结清利息。为安全起见，开户时可以约定凭印鉴支取或凭电脑预留密码支取。银行开办代发工资业务后，一般将职工工资转入活期存折储蓄。

（2）通知存款：其以 1000 元起存，由储蓄机构发给存折，储户凭折支取。个人通知存款不能续存，储户要增加存款时，需另行签发存折，个人通知存款存期不限，储户可随时支取，但储户取款时，须在用款日 3 天前填写"通知存款预约取款通知书"，银行把通知书回执加盖业务公章后给储户。到约定日，凭通知书回执取款，储户可一次或分次取款，储户取款时利随本清，即取一笔本金给一次利息。

（3）活期支票储蓄：活期支票储蓄在开户时由储户申请，经银行审查信用同意后，发给储户活期支票证明卡、活期支票簿和现金存款单。开户时起存金额各银行有不同的规定，续存时可凭现金存款单存入现金，也可使用支票转账存入。取款时凭储户签发的支票办理支取现金或转账结算。储户不得签发空头支票，否则银行将按规定处以罚金。

2. 定期储蓄

定期储蓄，即事先约定存入时间，存入后，期满方可提取本息的一种储蓄。与活期储蓄相比，定期储蓄的利率相对要高，其利率视期限的长短而定，存款期限越长利率越高。它的积蓄性较高，是一项比较稳定的信贷资金来源。定期储蓄的开户起点、存期长短、存取时间和次数、利率高低等均因储蓄种类不同而有所区别。

我国各大银行的定期储蓄主要包括：零存整取定期储蓄存款、整存整取定期储蓄存款、存本取息定期存款三种。

（1）零存整取：零存整取指储户在进行银行存款时约定存期、每月固定存款、到期一次支取本息的一种储蓄方式。零存整取一般每月5元起存，每月存入一次，中途如有漏存，应在次月补齐，存期一般分1年、3年和5年；零存整取计息按实存金额和实际存期计算，具体利率标准按利率表执行，一般为同期定期存款利率的60%。

零存整取储蓄方式可集零成整，具有计划性、约束性、积累性的功能，适用于各类储户参加储蓄，尤其适用于低收入者积累成整的需要。存款开户金额由储户自定，每月存入一次，中途如有漏存，可于次月补存，但次月未补存者则视同违约，到期支取时对违约之前的本金部分按实存金额和实际存期计算利

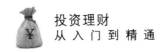

息；违约之后存入的本金部分，按实际存期和活期利率计算利息。

（2）整存整取：指约定存期，整笔存入，到期一次支取本息的一种储蓄。50元起存，多存不限。存期分3个月、6个月、1年、2年、3年和5年。存款开户的手续与活期相同，另外，储户提前支取时必须提供身份证件，代他人支取的不仅要提供存款人的身份证件，还要提供代取人的身份证件。该储种只能进行一次部分提前支取。计息按存入时约定利率计算，利随本清。

（3）存本取息：指个人将属于其所有的人民币一次性存入较大的金额，分次支取利息，到期支取本金的一种定期储蓄。定期储蓄5000元起存，存期分为1年、3年、5年。取息期确定后，中途不得变更。

3. 其他储蓄方式

（1）定活两便：指存款时不确定期限，客户可以随时提取和续存。存期超过整存整取最低档次且在1年以内的，分别按同档次整存整取利率以6折计息；存期超过1年（含1年）的，一律按1年期整存整取利率以6折计息；存期低于整存整取最低档次的，以活期利率计息。既有定期之利，又有活期之便。开户时不必约定存期，银行根据存款的实际存期按规定计息。不受时间限制，利率介于定期和活期之间。该储种非常适合在3个月内没有大笔资金支出，同时也不准备用于较长期投资的储户。只要账户内资金超过3个月，那么就能享受同档次整存整取的6折优惠，还是比较划算的，但是如果可以确定手中资金闲置超过1年，那么还是选择定期存款比较适当。

（2）教育储蓄：指个人按国家有关规定在指定银行开户、存入规定数额资金、用于教育目的的专项储蓄，是一种专门为学生支付非义务教育所需教育金的专项储蓄。教育储蓄采用实名制开户。到期支取时，储户需凭存折及有关证明一次支取本息。

教育储蓄 50 元起存，每户本金最高限额为 2 万元。1 年期、3 年期教育储蓄按开户日同期同档次整存整取定期储蓄存款利率计息；6 年期按开户日 5 年期整存整取定期储蓄存款利率计息。在存期内如遇利率调整，仍按开户日利率计息。

（3）通存通兑：目前银行普遍使用计算机处理业务并且联网，储户在任何一个联网储蓄所开户后，都可以在其他联网所办理续存支取。该项业务范围包括：活期储蓄的续存、取款和转存；整存整取定期储蓄的提前支取、到期支取、逾期支取和转存等。

（4）活期储蓄一本通：该种储蓄可以将同一储户名下的人民币、外币活期存款记录在一个存折上，它具有便于保管、便于参加个人外汇买卖交易等特点。

（5）定期储蓄一本通：此种储蓄是集人民币、外币等不同货币和多种存款于一折的整存整取储蓄存款方式，具有以下特点：为储户提供一个便于保管的储蓄账簿，可随时了解自己的存款情况；对银行来说，省去了重复输入同一客户姓名、账户、地址的时间，提高了银行工作人员的办事效率；储户的多项存款只需一个账号，便于查询和挂失。

储蓄理财的注意事项

虽然储蓄投资非常简单与方便，但是如果操作不当，不仅会使利息受损，甚至有时候还会令存款消失。为了防患于未然，储蓄理财，应该注意以

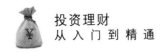
下六大"破财"行为。

1. 选择不适宜的储蓄种类、期限

很多人认为，银行储蓄存款利率很低，存定期储蓄存款和存活期储蓄存款一样，都没有多少利息。其实这种认识是很片面的，虽说现在储蓄存款利率不算太高，但如果有 10 万元，在半年以后用，很明显定期储蓄存款半年得到的利息要高于活期储蓄存款半年的利息。因此，在选择存款种类、期限时应根据自己消费水平以及用款情况而定，能够存定期储蓄 3 个月的绝不存活期储蓄存款，能够存定期储蓄存款半年的绝不存定期储蓄存款 3 个月。

此外，在办理存款时如果条件允许，尽量存中长期比较合适，以避免损失。这是因为银行存款是根据开户当日的利息而定，即使在降息通道中，中长期存款的人依然能享受高利息，而短期存款到期就必须执行新利息。

2. 大额现金一张单

很多人喜欢把到期日相差时间很近的几张定期储蓄存单等一起到期后，拿到银行进行转存，让自己拥有一张"大"存单，或是拿着大笔现金，到银行存成一笔"大"存单。这种存款方式虽然便于保管，但从储蓄理财的角度看，会让自己在无形中损失利息。因此，储户应当学会将"大单"拆成"小单"，比如将 10 万元拆成几张小单，一旦遇到急事用钱，可以将利息损失减小到最低。

3. 不该取时提前取

很多人在急需用钱时，就会把刚存了不久或者已经存了很长一段时间的定期储蓄存款提前支取，使定期储蓄存款全部按活期储蓄存款计算利息，由此造成不必要的利息损失。

事实上，现在可以用作临时"融资"的渠道很多，比如信用卡取现、典当、保单贷款，现在有些银行也开展了定期存单贷款业务，投资者在定期储蓄存款提前支取时不妨比较一下，看究竟是提前支取划算，还是采用其他方式更合算，算好账才会把定期储蓄存款提前支取的利息损失降到最低点。

4. 逾期许久不支取

有一些人把钱存进银行后就不再打理，使得定期储蓄的存单到期许久才去银行办理取款手续，从而使得利息受损，因此储户应当常翻看存单，一旦发现定期存单到期就要赶快到银行进行支取或者采用到期自动转存业务。

5. 存单金额不核对

现在，随着科学技术的进步，几乎所有的银行都采用计算机记账、打单。这样一来，就有可能因为计算机故障等多种原因而造成差错。所以，当我们拿到银行开出的存单后，必须仔细核对存单上的金额大小写是否与自己所存款项一致，确认没有任何错误以后才可离开。千万不能等到回家以后，才发现问题，这时候就不容易说清楚了，很容易与银行发生纠纷。

6. 密码设置不讲究

在办理银行卡时，密码设置大有讲究。现实生活中，很多人为了方便记忆，喜欢采用自己的生日、身份证号码、工作证号码等作为密码。其实，这种做法很危险，如果你的银行卡和身份证、工作证等一起丢失了，你的存款就很可能被他人领取。

另外，你的生日容易被一些熟悉的人记住，所以也比较危险，假如某个人知道你的生日，只需要拿走你的银行卡就可以轻易地将钱取走。最好的方法，就是选择一些对自己来说很有意义，又容易记住的数字作为密码，这样，可以有效地防止密码被人窃取。

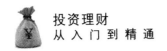
巧妙储蓄，将存款利息最大化

据统计，2015 年我国居民的银行存款已经超过 8.5 万亿元，储蓄无疑是家庭理财运用得最为广泛的工具，而存款的利息收入也被认为是最为安全和稳定的投资收益。那么，怎样存款才能使利息最大化呢？

在储蓄时，若能科学安排，合理配置，便可以使利息最大化，下面几种储蓄方法可供学习：

1. 阶梯存钱法

阶梯存钱法，就是将一大笔钱分成若干份，分别存在不同的账户里，或同一账户里设定不同存期的储蓄方法。存款期限最好是逐年递增的，这种方法既可获取高息，又不影响资金的灵活使用。

袁先生的工作单位年底发放了一笔五万元年终奖，但是他并没有把这五万元一次性存在一张存单里，而是将其平分成五等份，每份的一万元分别按照按一年、两年、三年、四年、五年存了五张定期存单。

更有创意的是，一年过后，他会把到期的一年定期存单续存并改为五年定期，第二年过后，再把两年定期存单续存并改为五年期，以此类推，五年后，五张存单又再度变成五年期的定期存单，同时每年都会有一张存单到期，以便应对突发情况。

袁先生计算了一下，当时银行活期年利率为 0.35%，定期一年的年利率是 3%，五年是 4.75%，算下来，这种阶梯存钱法比起将钱一次性存入一张存单的方式，可以说是既"赚足"了利息，又保证了资金的灵活性。

现实生活中，许多中等收入家庭都会有一些小额闲置资金，他们对资金灵活性要求不是很高，但又不想把存款"锁"得太死，采取阶梯式储蓄方法比较适合此类家庭。

2. 交替储蓄法

假如你手上可支配资金较多，并且短时间内不会用到，用交替储蓄法会更划算。以 3 万元现金为例，具体操作方法为：把它平均分成 2 份（各 1.5 万元）分别存成半年和 1 年的定期存款。半年后，把其中到期的那一笔改存成 1 年定期，并将两份 1 年期存款都设定成自动转存（即存款到期后如果你不取出，就会自动延长一个储蓄周期）。这样交替储蓄，循环时间为半年，在每个半年时间到期后需要用钱时，你都会有到期的存单可以支取。

3. 循环存款法

循环存款法最常见的就是 12 存单法，即将每月现金结余或用于储蓄的资金，都存成 1 年期定期储蓄存款，这样 1 年下来手里就会有 12 张定期存单，1 年以后，每月都会有一笔存款到期，如果需要资金就可在当月存单到期后取出来用；如果到期后不用，连本加息再加当月新的现金结余合在一起，存成一张新的定期存单，进行滚动存款。

这种做法较零存整取和活期存款的利息收入都要高。举例来说，假设 1 月初拿出 833.33 元存入 1 年期，则按目前四大国有商业银行 1 年期定期利率计算，次年初取出可得利息为 $833.33 \times 3.25\% = 27.08$ 元，若同样的金额仅在活期存款里面，则次年初取出仅得利息 2.96 元，定期所得利息为活期的 9.15 倍。

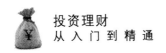
4. 约定转存法

现在很多银行都有一种"约定转存"的业务，在存款之前，和银行约定好定期存款的备用金额，一旦储蓄的金额超过了，银行方面就会自动将其转为定期存款。这种业务不但不会影响到我们的日常消费，而且会在不知不觉中给我们带来一笔收益。

我们以一个例子来说明这种业务：如果将2.2万元存为一年的活期，那你获得的利息应该是2.2万元×0.36%=79.2元，假如你开通了这种约定转存的业务，你就可以和银行方面约定2000元及以内都存为活期，超过的部分则存为一年的定期。这其实就是将2.2万元分成为两部分，即2000元的活期存款，2万元的一年定期存款。

现在，我们再来算算利息：2000×0.36%+20000×2.52%=511.2元。这样算下来，现在的利息收入是之前的很多倍。

5. 巧用通知存款

所谓通知存款，是一种不约定存期、支取时需提前和银行约定支取日期和金额方能支取的存款。此种存款方式很适合手头有大笔资金准备用于近期（3个月以内）开支的人。其既有活期存款的便利，又有7天通知存款的利息收益。

以10万元为例，7天通知存款利率是活期利率的3.75倍，7天同期利息高出活期利息19.25元。如果临时用钱，没有存够7天，那么还可以享受一天通知存款的收益（0.81%），是活期存款的2.25倍。同时，只要开户即约定自动转存，凡是存入7天（含）以上的存款，都进行自动转存，按照7天通知存款利率结计利息。

对症下药，和月光族说 Byebye

在城市中有这样一群人，他们每月拿着固定薪资，却没有储蓄；他们月末发工资，却在月初就没钱花，这类人群被称为"月光族"。很多"月光族"会感觉到自己的钱总是在不知不觉中溜走了，每个月很难有余钱。特别是年末期间，各种节日促销、店庆、"双十一"等一系列的节日活动，让很多年轻人在疯狂血拼后而囊中羞涩。

杨阳刚刚大学毕业，每月工资 3000 元钱，在家里吃住。她每月的工资都会用来购买自己喜欢的东西，商家的促销打折等在她看来也是不容错过的消费良机。每月领到工资后，都要去商场扫荡一遍，到月底也就没多少钱了。

看着柜子里放着一大堆尚未开封的东西，杨阳也会觉得自己消费太不理性，可每次逛商场总会控制不住买东西的欲望。

生活中，像杨阳那样初入职场的女性很多，因为薪水"月月光"，所以"月光族"喜欢说"我是月光，我没有钱理财"。其实，这种观念是错误的，"月光族"比其他人更需要理财。那么，如何摆脱"月光族"这一称谓，让自己的资金越积越多呢？采用以下方法可以告别月光族。

1. 合理规划，实现理性消费

对于"月光族"而言，消费规划的重要性需要倍加关注。特别是爱美的女性常常会迷失在节日促销打折中。对于月光族而言，区分"想要"和"需要"购物是理性消费的基础。

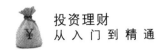
月光族最常见的消费误区在于花钱无节制，而学会理财的关键在于控制额外消费，要有良好的储蓄习惯，合理支出，理性消费。

月光族要控制消费欲望，首先可以梳理一下家里哪些东西是被我们只用过一次的或者根本就没用过的。其次，现在越来越多的年轻人都热衷于用信用卡刷卡，我们可以查看一下以往的历史消费记录，看看自己每个月都在哪些地方的消费是属于冲动型。最后，每月做好当月消费计划表，列出那些强制性支出的部分，例如房租、餐费、人情红包等，提前做好资金储备。

2. 巧用基金定投，充当强制储蓄

当下，很多刚参加工作的职场新人刚开始拿到工资时会很兴奋，觉得自己具备了养活自己的能力，不用再过艰苦的学生生活，于是疯狂消费。但是，一到月底要么就是信用卡透支，要么就是找父母要钱。这种现象在年轻人当中很普遍。为了破解这一现象，建议这类人进行基金定投。

基金定投有起点低、积少成多、分散风险、长期投资等优势，更重要的是，能让基金定投的人起到强制储蓄作用。我们只需在银行办理定期定额扣款申请，即可省去每月跑银行办业务的时间。建议在投资基金时，要进行多元化投资，选择两款不同基金类型的产品进行搭配组合，如选择股票型和债券型基金等进行配置，分散投资风险。

3. 慎用信用卡，避免当"负翁"

现如今，持卡消费成为一种时尚，但是并非人人都适合使用信用卡，特别是对"月光族"来说，使用信用卡更需要慎重。信用卡是无现金交易，买再多的东西，轻轻一刷卡就完了，这种潇洒往往掩盖了过度消费。另外，贷记卡的透支功能也要慎用，千万不能使透支成为一种习惯，虽然贷记卡不用支付消费透支的利息，但本金你总是要偿还的，因透支不但"月光"，而且

成了"负翁"，这就更得不偿失了。

4. 自己动手，丰衣足食

很多单身的"月光族"一日三餐大部分都在饭店解决，光餐费有时候占到月收入的三分之一。建议月光族买几本简单易学的菜谱学习烹饪常识，并购置必备的炊事用具，下班时可以顺便买点自己喜欢的蔬菜或食物进行加工，既能达到省钱的目的，又练了手艺，享受了"自己动手，丰衣足食"的生活乐趣。

5. 抵制各种优惠促销的诱惑

为了刺激消费，商家促销花样迭出，如买一送一、五折优惠、积分贵宾卡、积分换购等疯狂的促销手段使不少年轻人成为"剁手党"。特别是那些被"优惠"蒙蔽双眼的女性，生怕错过优惠时机，往往不看自己的需求，不衡量购物的综合成本，争相往商家设好的套子里钻，结果造成每月财务超支，所以，月光族过量消费之前应当考虑：大量购物换来的贵宾卡到底是省钱还是浪费钱？自己这种消费理性吗？当你想清楚这些问题时再决定是否还需要疯狂购物。

6. 别盲目追赶时尚

追求时髦被许多年轻人视为潮流，当然这也是需要付出代价的，看着别人的手提电脑是奔四，自己非弄个无线上网的；朋友或同事的手机刚换成CDMA，自己明天就换个3G……很显然，你辛辛苦苦赚来的工资就在追求时髦中打了水漂。其实，高科技产品更新换代的速度很快，这种时尚你永远也追不上。

建议你从现在开始，准备一个小册子，画上表格，记录下你的每一笔开支。表格可以分为三栏，一栏为生活必需品，一栏为舒适品，一栏为奢侈

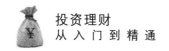

品。不久后你就会发现，你花在舒适品或者奢侈品上的钱远远超过生活必需品，有时候甚至会超过 10 倍不止。仔细想一想，你为追求时尚所支付的资金是完全没有必要的，不如把这笔资金储蓄起来用作投资，这才是财富之门正确打开方式。

如何进行外币储蓄

随着经济的发展，越来越多的人持有外币，而对于一部分持有外币者来说，虽然银行已开办了外汇宝、外汇结构性存款等多种外汇投资理财品种，但他们还是认为外币储蓄才是最稳妥、最安全的投资理财方式。那么如何储蓄外币才最划算呢？

1. 巧妙选定储蓄存期

外币储蓄利率一般都会受到国际金融市场的影响，其稳定性非常差，利率变动也比较频繁。所以，外币储户在参加外币储蓄时，就需要根据自己的经验，判断当时国内外金融形势以及利率水平的高低，选择外币存储的期限长短。

按照存储期限，个人外汇储蓄分为活期、1 个月、3 个月、6 个月、1 年、2 年六个档次，根据《外币储蓄存款条例》的规定，存期越长利率越高，期满按存入时挂牌利率计息。逾期按活期利率计息。另外，各外币存款的利率受各国政治、经济因素的影响，人民银行对其经常进行不同的升降调整。因此存储外币，宜采用"短平快 追涨杀跌 少兑少换"等方法。

"短平快"，也就是说外币存储期限不要太长，一般不要超过1年，以3~6个月的存期较合适，一旦利率上调时或之后不久，就可以到期转存、续存。

在存储外币时要"追涨杀跌"，这是因为在一般情况下，当某外币存款利率拾级上升，将会有一段相对稳定的时间；而当其震荡下降时，也将会有一段逐级盘下的下降过程。所以，一方面当存入外币不久遇利率上升时，应立即办理转存。虽说已存时间利息按活期计算有损失，但以后获得的利息收入足可大大地高于损失。当已存外币快到期遇利率上升时，这时便可放心地稍等期满支取后再续存，既拿到原到期利息，又赶上了高利率起存机会。

相反，在存期内遇利率下调，并超过了预先设定的心理止损价位，而且其汇率也出现了震荡趋降的走势时，便要果断提前支取"杀跌"，并将其兑换成其他硬货币存储，以避免造成更大的利息损失。

在存储时要"少兑少换"，是因为兑换要收取一定的费用，并且银行在兑换时是按照"现钞买入价"收进，而不是按"外汇卖出价"兑换，前价要低于后价许多，储户将有一定的损失，而且目前人民币的资本账户还不能自由兑换，一旦将外币换成人民币，以后若再想换回外币是比较困难的。

2. 与银行约定自动转存

自动转存业务主要针对工作超级繁忙、没时间去银行或身处境外、不愿委托他人代理的外币储户。这类储户在办理业务时，要与银行约定办理好自动转存手续，即储户的外币定期储蓄存款到期后，银行将自动把储户原来的外币定期储蓄存款本息合计金额按原存款单上约定的定期期限，根据转存日的银行挂牌外币利率，转存为新的定期外币存款。这样，储户就不会因忘记转存定期外币储蓄而损失利息了。

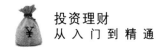

3. "率比三家"收益大

近年来，我国居民手中外汇存款额增长越来越快。虽然与人民币相比，外币的存储利率偏低，但对于手中持有外币的储户来说也不能偷懒。与人民币存款利率的"市场统一价"相比，外币存款利率要灵活得多。因此，对于个人投资者来说，可以利用外币存款利率差"率比三家"，以免减少利息的收益。

4. 合理用好现钞、现汇账户

按照账户性质的不同，外币储蓄可分为现钞账户和现汇账户两种。对于外币储户来说，若收到了从境外汇入的外汇，最好将其直接存入现汇账户。因为现钞账户无论是汇出境外，还是兑换成人民币，经办行都要收取一定数额的手续费；而现汇账户则一般不收取手续费，即使收取手续费一般也低于现钞账户。因此，外币储户切不要把现汇账户里的钱轻易转入现钞账户，以免带来不必要的损失。

5. 注意对比定期活期门槛的区别

对于广大投资者来讲，一定要注意对比中资银行、外资银行定期活期门槛的区别。一般而言，外资银行对于定期存款的起存额有一定的限制，外资银行的门槛会偏高一些，尤其是一些利率高的优惠活动，通常设置为 2000 美元左右。另外，投资者在存外币之前，应该专门询问一下是否有其他费用，有些外资银行要收取管理费。

第三章

慧眼识股，把握股票投资的关键

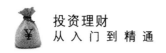
股票投资的特性和优势

如今股票已经进入寻常百姓家，成为投资界的宠儿。据深交所数据显示，截至 2014 年 12 月末，中国股票市场的开户数达到了 1.2036 亿户，其中 A 股账户为 1.19 亿户，占比 99.16%，B 股 100.94 万户，占比 0.84%。

股票作为一种高回报的投资工具，受到投资者的青睐，但高回报往往与高风险并存，这要求投资者具有极高的心理承受能力和超常的逻辑思维判断能力。股市风云变幻，危机四伏，投资者更应该谨慎行事，理性对待股票。

李小姐是中央财经大学一名大三女生，2014 年 11 月，她第一次将 5 万元投入了股市。仅仅半年时间就赚了三万多元。2015 年 5 月，她在股吧贴出了自己的投资心得："每天我看三次股票，开盘、午盘和收盘。先看涨停的股票未来大体的走势如何，再结合时政新闻热点，寻找一些很有发展前景、可以长期持有的股票，这样就能一直坐收盈利。其实炒股就是不能太贪心。"同时，李小姐还给自己设定了一个抛出上限，即一只股票赚了 20% 到 30%，就立即抛出。

谈起自己的炒股经历，李小姐介绍说起初是因为选修了证券投资课，老师要求他们体验炒股，她才拿爸妈的钱投资了股票。因为自己学的是经济管理专业，对于股市行情不仅敏感，还比较理性，她每次会给自己设定一个抛出上限，即一只股票赚了 20% 到 30%，就会抛出，所以李小姐初入股市就小有成就。

与李小姐不同，张先生曾在 2014 年往股票里投了 100 万元，最后只剩下 30 万元。后来在他的一个职业股民表兄那里得到一个内幕消息，于是张先生往股市里追加了 55 万元，调仓买了这一只股票，当时市值 85 万元。但此后一个多月暴跌 3 成多，市值只有 50 多万元。

炒股的失利让张先生很气馁，他说："最近一个月来我没有好好睡过，感觉自己突然老了，现在老婆也怀孕了，而自己觉得很失败，这 5 年来我主要精力就放在股市上，结果自己摧残了身体，破坏了心情，耽误了工作，疏远了朋友，助长了脾气。"

李小姐和张先生的炒股事例说明，股票投资是一种高回报与高风险并存的投资工具。风险和回报总是并存的，高回报也意味着高风险。这是金融市场的一个基本特征，早已经达成广泛的共识，并被长期以来的市场数据所证实。

炒股风险是每个投资者都熟知的，可是为什么还会有那么多人去炒股呢？这是因为存在的风险并不能否定收益，我们接下来看一看股票投资的特性与优势，以更加深刻地了解股票。

1. 股票的特性

股票作为一种高收益、高风险的投资，具有以下特性：

（1）不可偿还性：股票是一种无偿还期限的有价证券，投资者认购了股票后，就不能再要求退股，只能到二级市场卖给第三者。股票的转让只意味

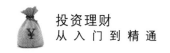
着公司股东的改变，并不减少公司资本。从期限上看，只要公司存在，它所发行的股票就存在，股票的期限等于公司存续的期限。

（2）权责性：即股票持有者具有参与股份公司盈利分配和承担有限责任的权利和义务。股东权责的大小，完全取决于股东所掌握的股票在公司股本所占的比例，比例越大，权责越大，比例越小，权责亦越小。若掌握该公司20%左右的股份，基本上可以控制该股份公司，但要完全控制一个公司，一般须拥有股份公司51%以上的股份。

（3）收益性：它是指持有股票可以为投资者带来收益的特性。股东凭借自己的股票，可以从公司领取一定的红利，获取投资的收益，而股东收益的多少主要是看公司的赢利情况和赢利分配方案。而且股票的投资者还可以从公司的资产保值、增值中获得收入，这种收入通过低价买入、高价卖出的方式获得。

（4）价格波动性：股票的价格具有不确定性，其受发行公司的经营状况、银行利率、供求关系、大众心理等影响会一直变动，从而造成赢利或者亏损的现象。而价格的波动性越大，投资的风险就越大，通过这些也可以看出股票投资的确是一种高风险的投资理财方式。

2. 股票投资优势

股票因为具有其独特的优势而受投资者青睐，主要体现在以下几个方面：

（1）收益高：尽管每个投资者都知道炒股有一定的风险，但受其高收益的影响，仍然有许多投资者进入股市。尽管我们知道股票投资是带有一定风险的，但是因为可以为投资者带来收益上面的增加，所以一样能够成为许多投资者的投资方案之一。市场上的股票价格每天都在变动，一些比较好的股票会随着公司的不断发展，股票的价格也会跟着不断地上涨；一般情况下，只要投资者决策正确，都可以通过股票投资得到比较高的回报。

（2）风险的可控性：股票投资不同于实业投资，要想投资股票，前期就需要很大的一笔投资成本，而且要承担很大的风险。一般情况下，投资中所承担的风险越大，收益也就越大，反之亦然。个人在投资过程中如果承担风险的能力比较低，那么投资就要减少了。

（3）可操作性强：在投资过程中，手续的办理是不是简单，耗费时间多不多，这些都是可操作性强与不强的具体体现。一般来说，股票投资的可操作性要比实业投资强很多。股票投资的手续办理非常简单，时间上也要求不高，在本钱上更是没有多大的限制，即使你只有一两千元钱，也同样可以进行股票投资。

必须要掌握的股票术语

在股市中，一些让新股民略感陌生的股市术语将会影响他们对股市行情的解读，因此，在炒股前，股民需要读懂常用的股票术语。

股票代码：交易股票的身份证，通常用数字表示。股市分为深市和沪市，沪市 A 股股票的代码是以 600 或 601 开头，其 B 股的代码是以 900 开头。深市 A 股股票的代码是以 000 开头，其 B 股的代码是以 200 开头。

报价单位：无论是深市还是沪市，A 股申报价格的最小变动单位为 0.01 元人民币。沪市 B 股申报价格的最小变动单位为 0.001 美元，相当于

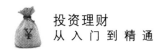

0.006485 元人民币；深市 B 股申报价格最小变动单位为 0.01 港元，相当于 0.008333 元人民币。

涨跌停板：为防止证券市场的价格发生暴涨暴跌现象，自 1996 年 12 月 16 日起，深沪证券交易所根据需要，规定股票买卖每日市价的最高涨至（或跌至）上日收盘价的 10% 幅度。也就是说，每日的市价最高涨幅或跌幅＝前日收盘价 ×（1± 涨跌幅比例）。计算结果四舍五入。如果当天股价达到了上限或下限时，不得再有涨跌，术语称为"停板"。当天市价的最高上限称为"涨停板"，最低下限称为"跌停板"。

新股上市的限价规定：根据深交所竞价撮合规则，新股挂牌上市第一天集合竞价时，有一个上下档的设限，也就是说，股民在填委托单时，必须按照所设上下档的价格填写委托方能成为有效委托。

一手：是指股票数量单位，一手就是 100 股股票，在中国股市当中，买卖股票都以 100 股为基准，也就是说至少要交易 100 股。比如 100 股、200 股……

现手：是指当时所成交的手数，假如说某股票在开盘的时候就成交了 7000 股，那么用交易成功的 7000 股再除以基数的 100 股，也就是指现手为 70 手。

绩优股：指那些业绩优良，但增长速度较慢的公司股票。这类公司虽然有实力抵抗经济衰退，但不能给投资者带来振奋人心的利润。因为这类公司业务较为成熟，不需要花很多钱来扩展业务，所以投资这类公司股票的目的主要在于拿股息。

垃圾股：与绩优股相反，垃圾股是指业绩很差的公司股票。

利多：是指刺激股价上涨的信息，如股票上市公司经营业绩好转、银行利率降低等有利的信息。

利空：是指能够促使股价下跌的信息，如股票上市公司经营业绩恶化、银行紧缩等不利消息。

买空（融资）：投资者预测股价将会上涨，但自有资金有限不能购进大量股票，于是先缴纳部分保证金，并通过经纪人向银行融资以买进股票，待股价上涨到某一价位时再卖，以获取差额收益。

卖空（融券）：卖空是投资者预测股票价格将会下跌，于是向经纪人交付抵押金，并借入股票抢先卖出。待股价下跌到某一价位时再买进股票，然后归还借入股票，并从中获取差额收益。

股票净值：是指已发行的股票所含的内在价值，从会计学观点来看，股票净值等于公司资产减去负债的剩余盈余，再除以该公司所发行的股票总数。

每股净资产：是指股东权益与股本总额的比率。其计算公式为：每股净资产＝股东权益÷股本总额。

每股收益：是指税后利润与股本总数的比率。它是测定股票投资价值的重要指标之一。其计算公式为：每股收益＝税后利润÷股本总数。

除息：股票发行企业在发放股息或红利时，需要事先进行核对股东名册、召开股东会议等多种准备工作，于是规定以某日在册股东名单为准，并公告在此日以后一段时期为停止股东过户期。停止过户期内，股息红利仍发入给登记在册的旧股东，新买进股票的持有者因没有过户就不能享有领取股息红利的权利，这就称为除息。同时股票买卖价格就应扣除这段时期内应发放股息红利数，这就是除息交易。

除权：与除息一样，也是停止过户期内的一种规定，新的股票持有者在

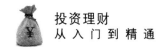
停止过户期内不能享有该种股票的增资配股权利。

配股：公司增发新股时，按股东所有人份数，以特价分配给股东。

换手率：是指在一定时间内市场中股票转手买卖的频率。计算公式为：换手率＝(某一段时间内的成交量 ÷ 流通股数)×100%。

市盈率：每股市价与每股税后净利的比率，亦称本益比。其计算公式为：市盈率＝每股市价 ÷ 每股税后净利。

深证综合指数：以深圳证券交易所挂牌上市的全部股票为计算范围，以发行量为权数的加权综合股价指数。规定 1991 年 4 月 3 日为基期，基期指数为 100 点。其基本计算公式为：即日综合指数＝(即日指数股总市值 ÷ 基日指数股总市值 × 基日指数)，每当发行新股上市时，从第二天纳入成份股计算。

上证综合指数：以上海证券交易所挂牌上市的全部股票为计算范围，以发行量为权数综合。上证综指反映了上海证券交易市场的总体走势。

恒生指数：是香港股票市场上历史最悠久、影响最大的股票价格指数，由香港恒生银行于 1969 年 11 月 24 日开始发表。恒生股票价格指数包括从香港 500 多家上市公司中挑选出来的 33 家有代表性且经济实力雄厚的大公司股票作为成份股，分为四大类：4 种金融业股票、6 种公用事业股票、9 种房地产业股票和 14 种其他工商业（包括航空和酒店）股票。这些股票涉及香港的各个行业，并占香港股票市值的 68.8%，具有较强的代表性。

T+1：指的是一项交易规则，T 是英文 Trade 的首字母。根据目前深沪两所的规定，假如某个投资者在前一天买进某只股票，在第二天就售出，而当天所卖出的股票一旦确定了成效，就可以将返货的资金用于其他的股票买卖，这种交易的规则被简单称为 T+1。

集合竞价：是投资者在每一个交易日的上午 9：15—9：25 按照自己的能力和心理价位进行自由买卖，计算机交易主机系统对全部有效委托进行一次集中撮合处理的过程。在集合竞价时间内的有效委托报单未成交，则自动有效进入 9：30 开始的连续竞价。这种方式并不适用于新股申购、配股、债券等的买卖。

连续竞价：集合竞价产生的是开盘价，然后股市进入连续的买卖阶段就有了连续竞价。在集合竞价中无法成交的买卖在这个时间段里依然有效，自动进入连续竞价环节等待合适的价位。而此时全国各地的股民还在连续不断地将各种有效买卖指令输入到沪深证交所的计算机主机，而沪深证交所的计算机主机也没闲着，它在连续不断地接收全国各地股民的各种有效买卖指令申报撮合成交，而无效的买卖指令主机就不会接受了。

蓝筹股：在股票市场上，投资者把那些在其所属行业内占有重要支配性地位、业绩优良，成交活跃、红利优厚的大公司股票称为蓝筹股。这类股票在行业景气和不景气时都有能力赚取利润，风险较小。

大盘股：这种称呼没有统一的标准，一般将股本比较大的股票称为大盘股。

小盘股：这种称呼也没有统一的标准，一般将股本比较小的股票称为小盘股。

升高盘：是指开盘价比前一天收盘价高出许多。

开低盘：是指开盘价比前一天收盘价低出许多。

盘档：是指投资者不积极买卖，多采取观望态度，使当天股价的变动幅度很小，这种情况称为盘档。

整理：是指股价经过一段急剧上涨或下跌后，开始小幅度波动，进入稳

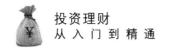

定变动阶段，这种现象称为整理，整理是下一次大变动的准备阶段。

跳空：指受强烈利多或利空消息刺激，股价开始大幅度跳动。跳空通常在股价大变动的开始或结束前出现。

回档：是指股价上升过程中，因上涨过速而暂时回跌的现象。

反弹：是指在下跌的行情中，股价有时由于下跌速度太快，受到买方支撑暂时回升的现象。反弹幅度较下跌幅度小，反弹后恢复下跌趋势。

多头：对股票后市看好，先行买进股票，等股价涨至某个价位，卖出股票赚取差价的人。

空头：是指认为股价已上涨到了最高点，很快便会下跌，或当股票已开始下跌时，认为还会继续下跌，趁高价时卖出的投资者。

多头市场：也称牛市，就是股价普遍上涨的市场。

空头市场：股价呈长期下降趋势的市场，空头市场中，股价的变动情况是大跌小涨。亦称熊市。

多翻空：原本看好行情的多头，看法改变，卖出手中的股票，有时还借股票卖出，这种行为称为翻空或多翻空。

空翻多：原本作空头者，改变看法，把卖出的股票买回，有时还买进更多的股票，这种行为称为空翻多。

买空：预计股价将上涨，因而买入股票，在实际交割前，再将买入的股票卖掉，实际交割时收取差价或补足差价的一种投机行为。

卖空：预计股价将下跌，因而卖出股票，在发生实际交割前，将卖出股票如数补进，交割时，只结清差价的投机行为。

建仓：指投资者买了股票，并且有了成效结果的投资行为。例如：买入深圳发展银行1000股的行为，可称为建仓。

补仓：指在买卖股票的时候分批买入，然后有了成果的行为。比如先买进了某股之后，又买进一些，这就称为补仓。

平仓：是指在买进股票之后，等到股票上升的时候又将其卖出，并且在这个过程中有了成效结果的行为。比如用每股 20 元买进了深发银行的 2000 股，在第四天，按照每股 22 元的价格将其卖出，而且成交非常顺利，这个过程就被称为平仓。

斩仓：是在买进股票之后，因为股价开始下跌从而造成了损失，所以果断卖出，并且在这个过程中有了交易成果的行为。比如在今天以每股 20 元买进深发银行的 2000 股，等到第四天的时候股价下跌，因为担心它继续跌下去，所以选择在当天以每股 18 元的价格将其卖出，并且顺利成交，就可以称为斩仓。

全仓：是指买卖股票不分批次，一次性买进卖出的行为。比如一次性买进深发银行的 1000 股，卖出的时候又是一次性全部卖出，并且两次过程都是顺利成交，就可以称为全仓。

半仓：是以一半的资金进行建仓，在平仓或者斩仓的时候也是以 50% 计算。例如，在建仓的时候用一半资金买入了深发银行的 10000 股，将另一半资金留下来用来观望。在卖出的时候同样是将 10000 股的一半 5000 股卖出，余下的 5000 股留待观察。

满仓：指用全部的资金买进股票，在自己的账户上已经没有钱用来买其他股票的情况。

止损：是买入股票之后，股票价格下跌，投资者受到了一定的损失，及时做出斩仓出局的决定，防止股票再往下跌的行为。

主力庄家：指特别有资金实力和深层背景的炒作股票的人或机构。

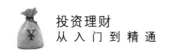
如何选择赚钱的好股票

股市新手刚开始投资时，面对市面上数千只股票，往往会感到眼花缭乱。对于每个投资者来说，选择一只赚钱的好股票很关键。通常来讲，投资者可以通过以下几种方法来选择赚钱的好股票。

1. 选择行业龙头企业

对于股市新手来说，首先应该选自己身边的好企业的股票，尤其应该选行业龙头企业。这是因为，纵观中国企业的发展，目前出现了强者恒强的态势，并且，优势企业因为管理优秀、品牌优秀，会不断地向前发展，具有比较好的发展趋势。

英国一个非常著名的基金经理在分享自己的炒股经历时说："我投资非常简单，简单到不能再简单，就是把英国可以做到世界上最好的那些企业一网打尽就行了。在我的投资组合中，排序分别是三五香烟、苏格兰威士忌、联合利华、希思罗机场和保诚保险公司，全是世界上最好的企业。而这个组合在 25 年内翻了 54 倍。"

炒股要选择龙头企业与"擒贼先擒王"的道理一样，一般来讲，龙头企业有一定的经济实力，发展有保证。当然，每个行业都会有自己的龙头企业，那么是不是每个行业都值得同样关注呢？答案当然是否定的，在龙头企业中，投资者可以选择优势行业。什么叫优势行业？就是要做精而不要做得太广泛。

比如"收费口"行业，如码头、货柜码头、高速公路、电力、机场、商业零售、电信等。也可选有"护城河"的行业，如中国传统品牌的白酒、医药、旅游区、铁路、公路、机场等。此外，选"能长大"的行业，如电风扇行业就在萎缩。不断长大的行业首先就是金融，此外还有科技、消费品、医药行业，以及沃尔玛、家乐福这样的商业巨头，还有壳牌石油、美孚石油这样的能源巨头。

2. 选择上升的行业周期

在选择股票之前，除了要对整体的国民经济完全了解外，还要了解行业的整体情况，从而做出判断。重点是在要选择的股票所属行业的上升和下降周期进行了解和判断。

中集集团，它的业务主要是经营针对海外的集装箱，1985 年，凭借着 400 万美元起步，管理者大多是中国人。从这个行业来看，集装箱行业产生于北欧，后来才逐渐移到亚洲，先是日本和韩国，进而中国也有了这个行业。这个行业在其他国家已经属于夕阳行业了，但是在中国还是朝阳行业，在中国还是有很大发展空间的。

20 世纪 90 年代的四川长虹，当时我国彩电行业刚刚起步，彩电也是刚刚普及，属于朝阳行业，但是该行业竞争激烈，周期比较短，逐渐康佳、TCL 等纷纷起来，竞争也一度显得过度，结果四川长虹就不行了。

所以，选择股票时，一定要对公司所在行业中的发展情况非常了解，需要仔细研究欲投资公司所处的行业生命周期及行业特征，以作出合乎实际情况的选择。一般来讲，投资者应选择那些正处在成长阶段而且生产受经济周期影响较小的行业。

选择成长阶段的行业，是因为这个阶段行业基础已趋稳定，增长速度虽然不如在初创阶段那么快，但仍有扩大经营业务的潜力。

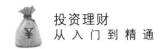
3. 股价的高低是根本

股价对于股票的选择起着重要作用。投资者对股价高低的判断主要是依据市盈率，也就是股票价格和每一股收益的比例。股票的市盈率越低，该股就越好，选择时就应尽量选择那些低于市场平均市盈率的股票。当然，这也不是唯一的标准，因为上市公司都有一个预期的市盈率，到第二年的报告出来，股价就会基本到位，甚至会高估，这时候的投资就没有任何意义了。所以在选择的时候，还要看股票的潜力，这样才可以让我们获得超额收益。

4. 了解公司的财务状况

在挑选股票时，公司财务状况是一个不得不考虑的指标。财务状况是指财产的多寡，如果有负债，则是扣除负债后财产净额的多寡。现代公司大都负债经营以扩大生产规模，利用债务的税收抵免效应和财务杠杆作用增加公司股东价值，但如果债务管理失策，财务状况欠佳，不仅会影响公司的正常生产经营，严重的还会导致公司破产。因此，股票投资者除了要研究公司的盈利能力和经营管理水平外，还要适当关注公司的财务状况。部分上市公司由于替关联公司进行债务担保，由此产生的债务纠纷甚至影响到公司的正常生产经营，投资者不可不察。

进行短线投资的要点

短线投资是指投资者在短期中进行买进与卖出股票，以赚取差价的交易。短线投资如何才能获利？迈克尔·斯坦哈特的短线投资技巧值得每个短线投资者借鉴。

迈克尔·斯坦哈特被誉为世界级短线杀手，与股神巴菲特不同，他并不迷信长线投资，而是立足于短线，他认为 10%、15% 的收益积累起来要比囤积股票来日待涨要可靠得多。他觉得这种所谓的长期投资的收益是比较虚无的，在接受媒体采访时说："等到长期投资的股票赚到钱以后，短线上获利金钱已经摆在那里一年了。"基于这种理论，他把从 117 元启动的 IBM 股票在 132 元就获利了结了，同时在该价位做空，股价下跌到 120 元时平仓。斯坦哈特承认 IBM 股票的确可以获得长线利润，但他不只是在那里等待股票涨到自己的价位，他做得更多也得到了更多。

斯坦哈特喜欢短线，他对方向性的判断异常地准确，当他得知利率有可能下调时，便毫不犹豫买入了债券。为了在第一时间知道信息，他每年花 3500 万美元购买华尔街所有的资料。尽管如此，他从不夸大短线操作的效用，他希望各种短线技巧不要被炒得过热，他还希望人们可以在短线被夸大其词时重新关注长线趋势。

斯坦哈特善于做多，更善于做空。在一段时间内，他的基金一直在做空，但获得 30% 到 40% 的收益率。做空意味着更大的勇气，做多至多会损失 100%，而做空会损失得更多，所以，做空需要更好的技巧和更敏锐的观察力。斯坦哈特做多时倾向于选择那些市盈率低但是股性呆滞的股票，而做空时则选择最有名的最热门的股票。1972 年，他卖空波拉罗得、静电产业和雅芳实业，1973 年他又卖空考夫曼和布罗德公司的股票，所有这些他都大获成功。斯坦哈特是那样的睿智，以至于经常同时做多和做空，结果都赚了钱。

分析迈克尔·斯坦哈特在短线投资中获利的关键点，主要有两点：第

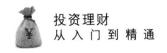

一，钟情于短线。例如以上案例中所说的，他自己也承认 IBM 股票可以获得长线利润，但是当他看到利润足够时就坚决卖出。第二，对方向的判断异常准确。

我们虽然不是斯坦哈特，没有较强的判断能力，但是作为普通投资者，我们只要充分掌握短线操作的安全买入和卖出点就可以在股市中获利了。

1. 短线安全买入要点

（1）上证综合指数的短线走势向上，有空间和力度的配合。

（2）所属板块整体走强，最好是市场热点，这对于短线安全和盈利来说至关重要。

（3）有良好的中线（从持仓时间上来说在 3 个月内的线称为中线）基础或极端的快速连续暴跌。

（4）个股所属板块不能处于热炒后的整体退潮甚至领跌大盘的状况中。

2. 短线安全卖出的要点

（1）股价以同样的特征长时间运行或有很大的涨潮，是有大资金在其中维持，一旦打破这种格局，极可能是多空多量对比发生重大的变化，应视为趋势逆转，立即卖出。

（2）形态破位（指股票指数及股票价格跌破其重要支撑位），股价沿某一均线运行了很久或出现很大涨幅之后向下运行时应卖出。

（3）个股没有基本面的支撑时，股价开始下跌。

（4）个股基本面突然发生改变，利空消息公布，坚决卖出。

长线投资股票的关键点

在股市中流行这样一句话："长线是金、短线是银。"从此话可以看出，在股市交易中，长线投资获利大于短线投资。当然，这并不意味着随便买个股票长期放着不动就能获利。长线投资在股票交易中最考验投资者的综合素质，因为不是所有人都能掌握长线投资的技巧。

一般来讲，长线投资注重投资行业的未来发展潜力，不能只看短期利益。巴菲特说："不要在意某家公司来年可赚多少，只要在意其未来 5 至 10 年能赚多少。"这句话告诉投资者在选择长线股投资时就必须抱有长线持有心态，不能因为股市中途的一点小波动就选择放弃。

1892 年，可口可乐公司成立，历经近 100 年的发展，1987 年可口可乐陷入了困境，股价为 38.1 美元，据统计每股净利润为 2.43 美元，此时巴菲特并没有因为可口可乐公司陷入困境而低估其未来发展前景，他认为可口可乐的品牌在消费者心中占有不可替代的地位并且会不断得到强化，构成持久竞争优势，于是，在 1988 年巴菲特买入 5.93 亿美元可口可乐股票，到 1988 年底共持有 1417 万股，成本为 5.92 亿美元；1989 年巴菲特以每股 46.8 美元平均价格继续增持可口可乐 2335 万股的股票，总成本为 10.24 亿美元，总持股数翻了近一倍；1994 年继续增持总投资达到 13 亿美元，此后持股不变。

到 1997 年，由于受金融风暴的影响，作为传统经济代表的可口可乐备受冷落，从 1998 年 7 月 14 日到 2000 年 3 月 24 日，可口可乐市值下跌近一半。

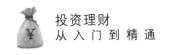
但巴菲特表示，要永久持有可口可乐，死了也不卖。

其间经历起起落落，截止到 2012 年，巴菲特投入的 13 亿美元已经成为市值 145 亿美元可口可乐的股票，其间收到的分红总额约为 30 亿美元。足足赚了 162 亿美元，收益是投资的 13 倍。

无疑，巴菲特投资可口可乐是一次非常成功的股票价值投资，而他的投资哲学，从可口可乐的持有情况来看，就是放长线钓大鱼，他没有不断买进卖出的那种心理需要，当他相信某一只股票时，并不急于证明自己的判断。比如，当可口可乐股价下跌时，他依然坚持不卖。也正是因为这种长期持有的观点，才有了他在可口可乐上的巨大成功。

长线投资虽然比短线投资获利大，但也要掌握一定的技巧。选择长线投资股票时，下面几点建议可以作为参考：

（1）有信用污点的公司不选，比如虚假陈述，隐瞒应当披露的信息，内幕交易，提供虚假会计信息等。

（2）不景气行业的公司不选，因为行业整体不景气，上市公司的经营就会受影响。

（3）母公司经营不善的公司不选，上市公司的母公司常被称为集团公司，如果集团公司经营不善，那么上市公司的经营能力往往也好不到哪里去，而且被掏空的上市公司的危险性也会上升。

（4）主业不突出，搞多元化经营的公司不选。

（5）企业规模过小的公司不选，规模过小的上市公司没有形成规模效应，经营成本高，抗风险能力弱。

（6）业绩差的公司不选。

（7）5 年内业绩大幅波动的公司不选。

（8）无稳定现金分配的公司不选。稳定的现金分配证明了公司经营的稳定性和业绩的真实性，造假公司只能造出账面利润而不能造出现金，只能通过转送股分配而不能通过现金分配。

（8）被媒体质疑的公司不选。

（9）股票涨跌或成交量被庄家有意控制的股票不选，以及累计涨幅巨大的公司也不能选。

如何快速看懂 K 线图

股票投资，看懂 K 线图是最基本的要求。K 线图一般有阴阳线、棒线、蜡烛线或者红黑线等，它主要是将多种股票的每天、每周甚至每月的开盘价、收盘价、最低价、最高价等的变化情况，用图形表示出来。

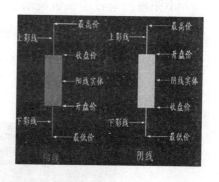

K 线图有直观、立体感强、携带信息量大的特点，能充分显示股价趋势的强弱、买卖双方力量平衡的变化，是各类传播媒介、计算机实时分析系统应用较多的技术分析手段。

K 线的结构可分为上影线、下影线及中间实体三部分。K 线是一条柱状的线条，由影线和实体组成。中间的矩形称为实体，影线在实体上方的细线叫上影线，下方的部分叫下影线。实体分阳线和阴线。

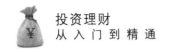

　　阳线与阴线是股票中 K 线呈现的两种形态。阳线是指当日收盘价高于开盘价的 K 线，当日股价整体走强，这个时候 K 线的中部实体是用红色来表示或者直接空白，而此时 K 线的上影线长度就是股票的最高价和收盘价之间的价格差异，实体的长短代表股票的收盘价和开盘价之间的差异，下影线的长度则代表着开盘价和最低价的差异。

　　阴线是指当天收盘价低于开盘价，股价整体趋势走弱的 K 线。

　　K 线有时候是阳线，有时候是阴线，有时带上影线，有时带下影线，有时是十字星。这些 K 线都代表着不同意义，从中也能够反映出多方和空方的交战情况。

　　下面以带有成交量的分时走势图，分别说明数种典型的单个日 K 线图的形成过程和不同含义。分时走势图记录了股价的全天走势，不同的走势形成了不同种类的 K 线，而同一种 K 线却因股价走势不同而各具不同的含义。

　　小阳星：全日中股价波动很小，开盘价与收盘价极其接近，收盘价略高于开盘价。小阳星的出现，表明行情正处于混乱不明的阶段，后市的涨跌无法预测，此时要根据其前期 K 线组合的形状以及当时所处的价位区域综合判断。

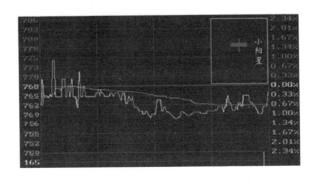

小阴星：小阴星的分时走势图与小阳星相似，只是收盘价格略低于开盘价格。表明行情疲软，发展方向不明。

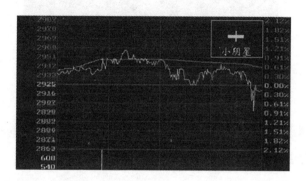

小阳线：其波动范围较小阳星增大，多头稍占上风，但上攻乏力，表明行情发展扑朔迷离。

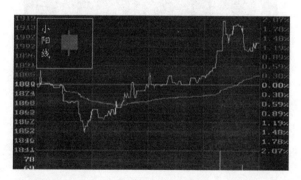

上吊阳线：如果在低价位区域出现上吊阳线，股价就表现出探底过程中成交量萎缩，随着股价的逐步攀高，成交量呈均匀放大态势，并最终以阳线报收，预示后市股价看涨。相反，如果在高价位区域出现上吊阳线，股价走出如图所示的形态，则有可能是主力在拉高出货，需要留心。

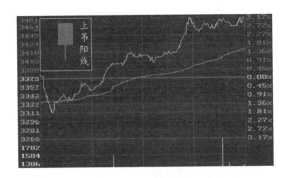

下影阳线：它的出现，表明多空交战中多方的攻击沉稳有力，股价先跌后涨，行情有进一步上涨的潜力。

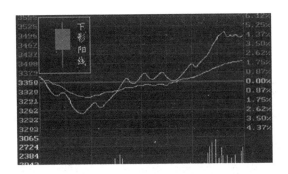

上影阳线：显示多方攻击时上方抛压沉重。这种图形常见于主力的试盘动作，说明此时浮动筹码较多，涨势不强。

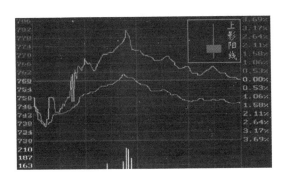

穿头破脚阳线：股价走出如图所示的图形说明多方已占据优势，并出现逐浪上攻行情，股价在成交量的配合下稳步升高，预示后市看涨。同样为穿头破脚阳线，股价走势若表现出在全日多数时间内横盘或者开盘跌而尾市突然拉高时，预示次日可能跳空高开后低走。

还有一种情况，股价走势若表现为全日宽幅振荡尾市放量拉升收阳时，可能是当日主力通过震荡洗盘驱赶坐轿客，然后轻松拉高，后市可能继续看涨。

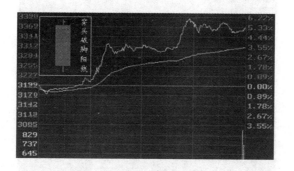

光头阳线：光头阳线若出现在低价位区域，在分时走势图上表现为股价探底后逐浪走高且成交量同时放大，预示为一轮上升行情的开始。如果出现在上升行情途中，就表明后市继续看好。

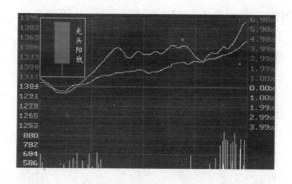

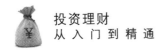

　　光脚阳线：表示上升势头很强，但在高价位处多空双方有分歧，购买时
应谨慎。

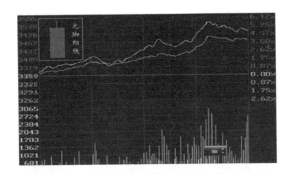

　　上影阳线：表示多方上攻受阻回落，上档抛盘较重。能否继续上升局势
尚不明朗。

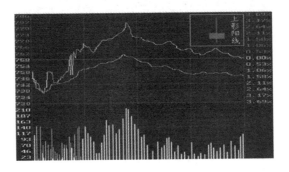

　　光头光脚阳线：表明多方已经牢固控制盘面，逐浪上攻，步步逼空，涨

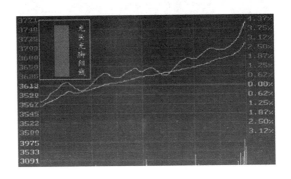

势强烈。

小阴线： 表示空方呈打压态势，但力度不大。

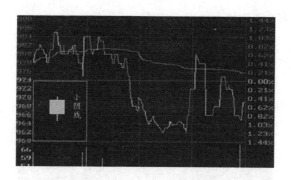

光脚阴线： 光脚阴线的出现表示股价虽有反弹，但上档抛压沉重。空方趁势打压使股价以阴线报收。

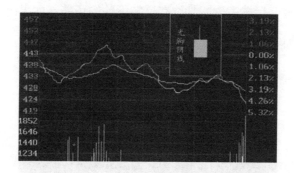

光头阴线： 如果这种线型出现于低价位区，就说明抄低盘的介入使股价

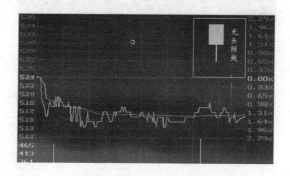

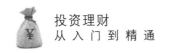

有反弹迹象，但力度不大。

下影阴线、下影十字星、T形线：这三种线型中的任何一种出现在低价位区时，都说明下档承接力较强，股价有反弹的可能。

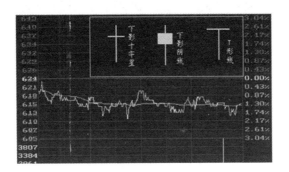

上影阴线、倒T形线：这两种线型中的任何一种出现在高价位区时，说明上档抛压严重，行情疲软，股价有反转下跌的可能；如果出现在中价位区的上升途中，则表明后市仍有上升空间。

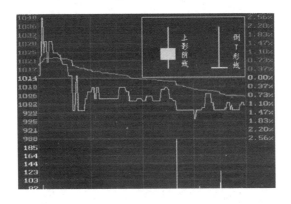

十字星：这种线型常称为变盘十字星，无论出现在高价位区还是低价位区，都可视为顶部或底部信号，预示大势即将改变原来的走向。

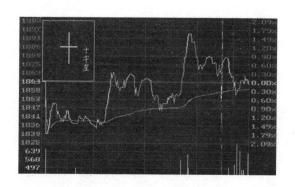

　　K 线的形态反映了股票的情况，投资者了解了 K 线图其实就是了解了整体的股票情况，但是 K 线图对股价的预测并不是完全准确的，因为不同或相同的 K 线在不同的组合中同样表达着太多的信息，即使是一个独立的 K 线，因为所处的阶段、力度、时机以及程度的不同也会暗示着不同的信息。

　　在实际市场的交易当中，K 线对于寻找切入点和把握市场的时机常常会起到重要的作用，当然，仅仅依靠对 K 线的判断是无法对形态和趋势做出一个更加准确的判断的。因此，要想让 K 线图在我们的投资过程中起到良好的作用，一定要和各种因素以及其他的技术指标结合起来分析，这样才可以达到准确的程度。

如何降低熊市中的风险

　　股市变幻莫测，有牛市，也有熊市。所谓熊市，是指行情看跌，股价低迷，指数下挫，卖者较多的市场状况。因此，在熊市中选股的难度要远远大于牛市及盘整时期选股，因为大盘是在不断下跌，大部分个股的走势也是逐

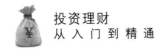

级向下，只有极少数个股逆势上扬。但由于市场上股票数量众多，每家公司面临的发展前景和际遇不同，因此，在熊市中仍然有牛股出现，关键是要掌握选股的技巧。

在我国，股市一旦出现熊市，通常很多投资分析专家都会对股民采取安抚政策，即告诉股民：超跌过后必有强势反弹。作为一般的散户，能真正理解此话的人很少，他们真正关心的只是何时抄底。而一些有经验的老股民，他们通常都会寻找一些合适的机会进行抄底。

王华是一名老股民，入市炒股已近20年。刚开始也不清楚什么是熊市，更不知如何应对，行情好时增加投资赚了些钱。但随着"牛去熊来"，牛市赚来的钱又赔了进去，教训十分深刻。后来经过多次实践，总结出一些应对熊市的操作方法，效果显著。

第一招：弃大择小

王华认为，散户要想在熊市中胜出，必须在"小"字上做文章。在中小板、创业板上市的股票，一般都是属于规模较小的品种；每年推出良好分配方案的"高送转"股票，则是整个市场为数不多的优质资源。做足这些"小股票"的文章，适时进出，低买高卖，就可能取得超过大盘和其他个股的收益。

当然，除了需要在板块选择上体现"弃大择小"原则外，还要在具体品种的选择上有正确的方法。实际上，在熊市选股的思路很简单，就是在任何情况下，在准备买进股票时，必须首先考虑目标品种的机会与风险。如果机会大于风险，大胆买进即可；但如果风险大于机会，则必须三思而后行。

第二招：确定性投资

无论是投资大师，还是普通散户，都应把"确定性"投资作为在股市中追寻的目标。一般情况下，机构和基金由于拥有强大的信息优势和研究团队，能较好地把握股市中的"确定性"机会。比如，一些机构在实地考察茅台企业并"确定"该企业在行业中的竞争优势后大量增持，这就是"确定性"机会。

在实际操作中，为什么不少股民不是高抛低吸而是追涨杀跌？王华认为，原因就在于当大盘和个股处于高位、盲目追涨时，没有意识到"确定性"，盲目跟风，结果吃套。散户虽然没条件深入企业实地调研，但凭积累的经验、掌握的信息，也能把握一些"确定性"投资机会。譬如，具有新开工项目的成长型企业、资产注入的企业、分红送股的企业等，投资这类公司的"确定性"就比较大。

第三招：顺势而为

股市中顺势而为最重要，不要与市场对着干，不要以自己的好恶来评判公司的好坏。纵观中国股市运行的"规律"不难发现，退市股票是最不值钱的股票，但也会走出波澜壮阔的大牛市；一些分文不值的权证也曾出现过暴涨行情；一些"ST"股票市盈率甚至高达千倍以上。所以，关于创业板、中小板股票的价格定位也一样，投资者无须过多关注其定位是否合理，只需顺势而为。在品种选择时，一定要做到顺势而为，无论目标股票属于什么板块，只要有上涨动力，就要学会尊重趋势。顺势而为，是小散户在熊市得以生存的一大秘诀。

第四招：把握"时点"

散户要想在熊市取胜，除了要会选择板块和具体品种外，还要把握进出"时点"。能否成功把握好"时点"，首先取决于投资者的眼光、魄力和决断，能否做到该出手时就出手。换言之，就是时机来临时大手笔下单，时机不到

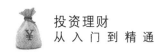
则慢动手。

譬如，投资者若在大盘 6000 多点的"时点"上重仓甚至满仓，迎来的便是暴跌，以致损失重大；而在大盘 1600 多点的"时点"上，若果断建仓，迎来的将是硕果累累。因此，散户只有在瞄准热点、盯住好股的同时，再把握住重要的时间节点，高抛低吸，才会让账户不断飘红，持续升值。

第五招：看"透"股市

看"透"股市，即对股市认识要到位。在股市投资，没有正确的认识就不可能有正确的操作，选择品种或者把握趋势都是这样。任何一个股民，要想操作得当、取得理想收益，必须从不断提高认识这一最基本的投资要求做起。

第六招：良好的心态

散户要想在熊市立足、不被"大熊"吞噬，不能没有良好心态。在股市里奋战的人，不管股市如何震荡，充满多少险恶，都要摆正心态，做到"想得通、吃得下、睡得着"。

王华的炒股实例告诉我们，在熊市中若掌握炒股技巧也能赚钱。熊市时，基本上所有的股票都以震荡下跌为主基调，只有极少数在熊市能够走出牛股形态，操作上就应该以快进快出为主，当股价回调到重要的支撑位置，出现止跌的 K 线形态以后可以试探进场博反弹，一旦跌破重要支撑位置则进行止损操作；对于操作功底不深的，熊市就可以空仓等待牛市行情的到来了，而非强行去选股进场操作。

此外，熊市时，大部分时间是要空仓的，不会空仓的投资者绝对不能成为高手，特别是在单边的大幅下挫阶段，更要实行坚决的空仓战术。

怎样投资热点股

在股市中，每个投资者都希望能抓到热点股，大赚一笔。寻找热点很重要，一个热点的出现，说明即将孕育一个新的行情。

热点的性质往往能决定一轮行情的性质，能够带动一轮行情崛起的热点板块通常必须具有一定市场号召力和资金凝聚力，并且能有效激发稳定上扬的人气。一轮股市行情的蓄势、崛起、发展和衰落，均与这轮行情中热点板块的运行特征息息相关。通过对热点运行特征的研判，可以准确地把握行情的性质和未来趋势的发展方向。

一直以"高成长、高回报、高风险"吸引投资者的TMT领域，2009年因全球金融危机而走入低谷，进入2010年以来，TMT各行业已初步显示出恢复态势，重新获得投资者的关注。尤其是在互联网行业，2010年前8个月表现出强劲的增长态势。

据统计显示，2010年1月至8月，互联网行业融资案例数量为70起，融资金额7.06亿美元，分别为2009年全年案例数量及金额的82.4%和92.3%。

以"烧钱"著称的视频网站，作为典型的资本驱动行业，虽然进入门槛较高，但仍然吸引着后续投资者，奇艺视频获得普罗维登斯股本5000万美元注资，土豆网完成其第五轮融资，金额也达到了5000万美元。

从互联网企业IPO情况来看，2010年以来5家上市的互联网企业皆为A股IPO，而5年前该行业仅有2家企业登陆A股市场。

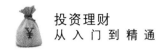
在上述案例中，无论融资案例数量还是融资金额都大幅增加，因此TMT无疑是当时的热点股。通常来讲，热点标志着集团大资金目前正在进行运作，在此情形下若买进股票至少能够持续走强几天。那么，怎样才能找到热点股呢？

1. 寻找热点股的方法

（1）关注媒体相关报道，如突出报道某行业或领域新发生的变化，这往往是该行业成为热点的先兆。

（2）打开涨幅榜，如果在第一版中发现同一板块中的股票多数涨幅居前，量比也同时有效放大，则该板块就是目前盘中的热点。例如，某日在涨幅榜的第一版上出现多只有色金属涨幅居前，那就可断定热点就是它们。

（3）注意资金流向，热点股会出现放量上涨的态势。

（4）观察上涨过程中是否出现急速拉升和集中放量。如果连续上涨并出现急拉，有可能是短期强势，而不是热点。

（5）从热点板块中寻找技术形态态势比较好、盘整时间比较充分的个股操作。

（6）能否突破并站稳250日均线。如果站稳250日均线，表明强势确立，热点有可能随时出现。

2. 热点股的操作策略

（1）冷静观察，力争及早发现，特别是发现热点板块的龙头。只有抓住主流热点的龙头，才能达到迅速获利的目的。

（2）先少量建仓，争取主动。

（3）若放量形成突破30日或60日均线，其后是缩量上涨走势，则应坚决跟进。

3. 热点股的投资要点

（1）对于有可能成为热点的个股，在其涨幅达 20% 之际，是确认买进的时候。

（2）热点若随同大盘高位放量，MACD 或 RSI 形成高位"死叉"后应减仓并逐渐退出。

总之，对于个股的判断，要把握热点，对股市中热钱的流动更有敏感性，这样才能准确把握市场的机会。

掌握买入股票的最佳时机

大多数股民在进行股票交易时，只能通过证券交易所的会员进行买入或卖出，而所谓证交所的会员就是通常的证券经营机构，即券商。股民通过向券商下达买进或卖出股票的指令进行委托。委托时必须凭交易密码或证券账户，这里需要指出的是，在我国证券交易中的合法委托是当日有效的委托。这是指股民向证券商下达的委托指令必须指明买进或卖出股票的名称、数量、价格。并且这一委托只在下达委托的当日有效。委托的内容包括投资者要买卖股票的简称（代码）、数量及买进或卖出股票的价格。

股票的简称通常由 3 至 4 个汉字组成，股票的代码为六位数，在进行股票委托交易时，股票的代码和简称一定要一致。同时，买卖股票的数量也有一定的规定，即委托买入股票的数量必须是 100 的整数倍，但委托卖出股票的数量则可以不是 100 的整数倍。

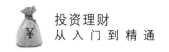

通常来讲，每个投资者都懂得股票交易以"低价买进，高价卖出"为原则，却很难把握交易的时机。在炒股时，掌握股票买入时机很重要。

1929年，英国财政大臣丘吉尔在卸职之后，与同伴相约来到美国。在美国，他和朋友受到了投机大师巴鲁克的盛情款待。巴鲁克是丘吉尔的好友，是一名善于把握先机的股票交易商。

巴鲁克悉心备至，特意陪丘吉尔参观了纽约股票交易所。在交易所，紧张热烈的气氛深深感染了丘吉尔，聪慧过人和好斗之心让他决心也要在股市大显身手。

作为曾经的财务大臣，丘吉尔认为炒股就是小事一桩，但遗憾的是，第一笔交易很快被套住了，丘吉尔很是难堪。接着又瞄准了一只看起来很有希望的英国股票，心想这一家的老底自己比谁都清楚，准能大胜，但股价好像故意跟他过不去，一路下跌，又被套住了。一天之内，他几乎损失了投入股市的所有美金。

丘吉尔的炒股事例说明，股市投资并非简单的买入与卖出，挑选好股票不仅需要对股市进行深入的研究，还要对行业、公司、技术参数进行分析，从而在好的时机买入股票。在好的买进点买入，不仅不会套牢，而且可坐享被抬轿之乐。而如果在错误的时机买入股票，一定会惨遭损失。那么，投资者该如何把握买入股票的最佳时机呢？以下方法可供参考：

1. 根据消息面判断短线买入时机

当股市出现利好消息时，应及早介入；当股市处于上升趋势中期出现利好消息，应逢低买入；当股市处于上升趋势末期出现利好消息，就逢高出货；当股市处于跌势中期出现利好消息，短线可少量介入抢反弹。

2. 根据基本面判断买入时机

股市是国民经济的"晴雨表"。在国民经济持续增长的大好环境作用下，股市长期向好，大盘有决定性的反转行情，坚决择股介入。

长期投资一只个股，要看它的基本面情况，根据基本面，业绩属于持续稳定增长的态势，那完全可以大胆介入；如果个股有突发实质性的重大利好，也可择机介入。

3. 根据行业政策判断买入时机

在买入股票前，要了解国家的经济政策，根据国家对某行业的政策，以及行业特点、行业公司等情况，买入看好的上市公司，比如国家重点扶持的农业领域，在政策的影响下，农业类的具有代表性的上市公司就是买入的目标。

4. 根据趋势线判断短线买入时机

中期上升趋势中，股价回调不破上升趋势线又止跌回升时是买入时机；股价向上突破下降趋势线后回调至该趋势线上是买入时机；股价向上突破上升通道的上轨线是买入时机；股价向上突破水平趋势线时是买入时机。

5. 根据成交量判断短线买入时机

（1）股价上升且成交量稳步放大时。底部量增，价格稳步盘升，主力吸足筹码后，配合大势稍加拉抬，投资者即会加入追涨行列，放量突破后即是一段飙涨期，所以第一批巨量长红宜大胆买进，可有收获。

（2）久跌后价稳量缩。在空头市场，媒体上都非常看坏后市，但一旦价格企稳，量也缩小时，可买入。

6. 根据 K 线形态确定买入时机

（1）底部明显突破时为买入时机。比如：V 底、头肩底等，在股价突破

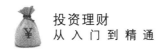

颈线点，为买点；在相对高位的时候，无论什么形态，也要小心为妙；另外，当确定为弧形底，形成 10% 的突破，为大胆买入时机。

（2）低价区小十字星连续出现时。底部连续出现小十字星，表示股价已经止跌企稳，有主力介入痕迹，若有较长的下影线更好，说明多头位居有利地位，是买入的较好时机。重要的是：价格波动要趋于收敛，形态必须面临向上突破。

卖出股票的最佳时机有哪些

在股市交易中，选择一只好的股票很重要，同样，股票卖出的时机也是投资盈利最为关键的一环。如果没有把握住股票卖出的时机，那么投资者之前所做的一切努力都有可能成为"无用功"。

在卖出股票的过程中，许多投资者因不懂得选择最佳时机，从而遭受股市套牢之苦。在复杂的股市环境下，一旦被套住，大多数投资者采取守仓策略，虽然守住不动总有解套之时，但若长时间解不了套，资金的快速流动和增值就都是一句空话。因此，守仓是一策，但不是上策。

看着身边人纷纷炒股，王楠非常心动地拿着自己的全部积蓄 5 万元开了户。初次进入股市，王楠非常兴奋，决定在股市中大赚一笔。

王楠毕业于财经大学，具备一定的证券市场知识，多年的学习令她的理论知识非常丰富，因此自信满满。刚开始她尝试着买了几只股票，借着当时形势好，其股票也是水涨船高，股票涨停有时也变成可预期的事情，这让王楠开始沾沾自喜。

随后，王楠在周围朋友的大力推荐下以每股 19 元的价格买入大唐发电，之后大唐发电一路走高，达到 45.24 元的最高价。在这期间，她的朋友非常理性地卖出了股票。而王楠认为当前股票市场大好，还有上涨的空间，她决定等到最高点时再卖出。然而，她的预想落空了，之后大唐发电一路走低。虽然后来大唐发电在分红预期的推动下又一次达到了 39 元的高点，但王楠还梦想着它能涨到 40 多元，并没有趁着这次反弹卖出，结果大唐发电又持续下跌，最后王楠不得不忍痛以 20 元的价格清仓离场。

回首自己的炒股经历，王楠感觉自己好像坐了一趟过山车，经历了高低起伏，最后从哪来又回到了哪去。

在这个事例中，王楠因过于贪婪，没有把握住卖出股票的最佳时机，结果以失败告终。在现实中，像王楠这样的股票投资者不在少数，他们的风险意识淡薄，对股票的预期值太高，总想短期内在一只股票上大赚特赚，结果到嘴的鸭子飞了，没有亏本已经是万幸了。

一个真正的股民在懂得买股票的基础上，也要懂得在最适当的时机卖出股票。在选择卖出股票的时机时，可以考虑两个方面：刚进股时怎样选止损点、有利润后怎样选择合适的卖点获利。一般来说，投资者的目的如果是既定的利润率，在市场给予的利润率达到一定的程度，而这个利润率在短期内进一步上升的可能性较小时，就是投资者卖出股票的最佳时机。那么，投资者该如何找到卖出股票的最佳时机呢？

1. 股价超过目标价位时卖出

在投资股票时要给自己设定一个止损点和盈利点。通常来讲，把止损点定在 10% 或更小比较合适，在任何情况下都不要超出 20%。只要条件允许，

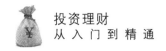

越小越好，这样风险性相对较小，比如，每股 5 元的股票，10% 只有 0.5 元，每股 50 元的股票，10% 有 5 元。对每股 5 元的股票，你可以给 0.75 的浮动空间，把止损点定在 4.25 元。对每股 50 元的股票，你可以给 3 元的空间，把止损点定在 47 元。

同时，在定盈利点时不要因贪婪而设置过高，赚钱的先决条件便是不亏钱。每股 10 元进的股票升到 12 元，应把卖点定在 10 元之上，如 11 元。一旦真正达到这一价位时就应该见好就收，及时卖出股票。因为你在设定目标价位时一般比较理智，但当股价上涨的时候，多数人的脑子就开始发热，所以，为了避免犯错，最好还是及时抛掉。

2. 行情形成大头部时卖出

一般来讲，上证指数或深综合指数大幅上扬后，形成中期大头部时，是卖出股票的关键时刻。历史统计资料显示：大盘形成大头部下跌时，90% ～ 95% 的个股也会形成大头部，跟随大盘下跌；大盘形成大底部时，80% ～ 90% 的个股也会形成大底部。这说明，绝大多数个股与大盘的联动性相当强，少数个股在主力介入操控下逆市上扬，这仅仅是少数、个别现象。因此，大盘一旦形成大头部区，果断出货是最重要的。

3. 个股突然大涨时卖出

当股价大幅上扬之后，持股者普遍获利，一旦某天该股大幅上扬过程中出现卖单很大、很多，特别是主动性抛盘很大，反映主力、大户纷纷抛售，这是卖出的强烈信号。尽管此时买入的投资者仍多，买入仍踊跃，迷惑了不少看盘经验差的投资者，有时甚至做出换庄的误判，但其实主力是把筹码集中抛出，没有大主力愿在高价区来收集筹码，来实现少数投资者期盼的"换庄"目的。

成交量创下近数个月甚至数年的最大值，是主力卖出的有力信号，是持股者卖出的关键，没有主力拉抬的股票难以上扬，仅靠广大中小散户很难抬高股价。

4. 日K线出现十字星或长上影线的倒锤形阳线或阴线时卖出

股票上升一段时间后，日K线出现十字星，反映买方与卖方力量相当，局面将由买方市场转为卖方市场，高位出现十字星犹如开车遇到十字路口的红灯，反映市场将发生转折。股价大幅上升后，出现带长影线的倒锤形阴线，反映当日抛售者多，若当日成交量很大，更是见顶信号。许多个股形成高位十字星或倒锤形长上影阴线时，80%～90%的机会形成大头部，是果断卖出关键。

5. 高位出现价量背离时逢高卖出

成交量是股价上涨的原动力，成交量不足意味着买方不再看好，股价将不可避免地出现回落或反转。价升量减与价跌量增，都属于价量背离现象。价格上升但成交量并未增加甚至减少，表明买方力量枯竭，股价空涨，难以持久，此时为卖出时机。

价格下跌，成交量反而上升，说明投资者看淡后市，纷纷抛售，价格急剧下跌，这是大市反转、熊市来临的特征，此时为卖出时机。

第四章

债券投资，收益稳定的理财工具

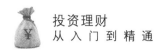

了解债券的特点和基本要素

债券是由政府、金融机构、工商企业等机构依照法定程序，直接向社会借债筹措资金时，向投资者发行，并且承诺按特定利率支付利息并按约定条件偿还本金的债权债务凭证。由于债券的利息通常是事先确定的，所以，债券又被称为固定利息证券。

1. 债券的特征

从投资者的角度来看，债券是一种重要的融资手段和金融工具，其具有以下四个特征：

（1）偿还性：债券有规定的偿还期限，债务人必须按期向债权人支付利息和偿还本金。

（2）流动性：债券持有人可按自己的需要和市场的实际变动状况，灵活地转让债券以换取现金，一般来说，如果一种债券在持有期内不能够转化为货币，或者转化为货币需要较大的成本，这种债券的流动性就比较差。通常来讲，上市债券具有较好的流动性。当债券持有人急需资金时，可以在交易市场随时卖出，而且随着金融市场的进一步开放，债券的流动性将会不断加强。

（3）安全性：由于债券发行时就约定了到期后偿还本金和利息，故其收益稳定、安全性高。特别是对于国债及有担保的公司债、企业债来说，几乎没有什么风险，是具有较高安全性的一种投资方式。

当然，债券也有信用风险与市场风险。信用风险是指债券的发行人不能充分和按时支付利息或偿付本金的风险，这种风险主要取决于发行者的资信程度。信用等级高，信用风险就小。信用风险对于每一个投资者来说都是存在的。一般来说，政府的资信程度最高，其次为金融公司和企业。

市场风险主要是利率的变动导致债券价格与收益率发生变动的风险。债券是一种法定的契约，大多数债券的票面利率是固定不变的（浮动利率债券与保值债券例外），当市场利率上升时，债券价格下跌，使债券持有者的资本遭受损失。因此，投资者购买的债券离到期日越长，则利率变动的可能性越大，其利率风险也相对越大。

（4）收益性：债券能为投资者带来一定的收入，一是投资债券可以给投资者定期或不定期地带来利息收入，二是投资者可以利用债券价格的变动，买卖债券赚取差额，但主要体现为利息。

债券的安全性特点使其成为投资者的首选，特别是 2007 年以来，股市的震荡给股民们上了一堂生动的风险教育课，不少人开始考虑将前期投到股市里的资金分流出来投入到更为安全的债券领域。据统计，2012 年三季度，债券市场的规模已经超越了股票市场。数据显示，截至 2012 年 9 月底，债券存量达到 25.2 万亿元，沪深市值为 21.3 万亿元。而在 2016 年的投资理财配置中，债券比重依然高居首位，配置比例为 40.42%。

与银行存款相比，国债的收益率要高，且又有国家信用作担保，可以说

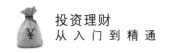
是零风险投资品种，因此国债是规避风险的稳健型投资者的最佳选择。

2. 债券的基本要素

债券反映了发行者与购买者之间的债权债务关系，而这种关系的构成需要满足一定的要素。具体要素包括以下几个方面。

（1）票面价值：是指债券发行时所设定的票面金额，是发行人对债券持有人在债券到期后应偿还的本金数额，也是企业向债券持有人按期支付利息的计算依据。债券的面值与债券实际的发行价格并不一定是一致的，发行价格大于面值称为溢价发行，小于面值称为折价发行。

债券的票面价值包括票面货币币种和票面金额两个因素。票面货币币种即以何种货币作为债券价值的计量标准。确定币种主要考虑债券的发行对象。一般来说，在国内发行的债券通常以本国本位货币作为面值的计量单位；在国际金融市场筹资，则通常以债券发行地所在国家或地区的货币或以国际上通用的货币为计量标准。

币种确定后，还要规定债券的票面金额。票面金额的大小不同，可以适应不同的投资对象，同时也会产生不同的发行成本。票面金额定得较小，有利于小额投资者购买，持有者分布面广，但债券本身的印刷及发行工作量大，费用可能较高；票面金额定得较大，有利于少数大额投资者认购，且印刷费用等也会相应减少，但却使小额投资者无法参与。因此，债券票面金额的确定，也要根据债券的发行对象、市场资金供给情况及债券发行费用等因素综合考虑。

（2）票面利率：是债券利息与债券面值的比率，票面利率的高低直接影响发行人筹资成本。影响票面利率的因素主要有银行利率、发行者的资信状况、偿还期限和利息计算方法以及当时资金市场上资金供求情况等。

（3）付息方式：是指发行人在债券的有限期间内，何时和分几次向债券持有者支付利息的方式。其分为一次性付息和分期付息两大类。在考虑货币时间价值和通货膨胀因素的情况下，付息期对债券投资者的实际收益有很大影响。到期一次付息的债券，其利息通常是按单利计算的；而年内分期付息的债券，其利息是按复利计算的。

（4）偿还方式：指债券上载明的发行人偿还债券本金的方式，分为期满后偿还和期中偿还两种。主要方式有选择性购回和定期偿还。选择性购回即在有效期内，按约定价格将债券回售给发行人；定期偿还即在债券发行一段时间后，每隔半年或者一年，定期偿还一定金额，期满时还清其余部分。

（5）偿还期限：是指债券发行之日起到偿还本息之日的时间。一般可分为三类：偿还期限在 1 年以内的是短期债券；偿还期限在 1 年以内 10 以下的是中期债券；偿还期限在 10 年以上的是长期债券。债券期限的长短主要取决于债务人对资金的需求、利率变化趋势、证券交易市场的发达程度等因素。

（6）信用评级：测定因债券发行人不履约，而造成债券本息不能偿还的可能性。其目的是把债券的可靠程度公诸投资者，以保护投资者的利益。

投资国债有哪些技巧

国债由于具备了"门槛低、风险小、收益稳"的特征，而成为稳健型投资者最青睐的投资方式。在我国，老年人是购买国债的散户主力。每到国债发行日，总能见到不少老年人在银行排队认购。

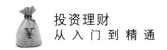
国债最显著的优势是具备安全性，理论风险为零，投资者根本无须担心违约问题。同时，国债的收益率高于银行储蓄利率，因此，许多投资者将国债视为"金边债券"。事实上，国债虽然收益稳定，但若操作不当或是不能很好地掌握国债理财的技巧，同样不会获得较高的收益，甚至会亏损。

2006年9月1日，财政部发行2006年第四期储蓄式国债时，恰逢央行上调金融机构人民币存贷款基准利率，因此财政部将新发行的3年、5年期国债利率分别调整到3.39%和3.81%，高于当年前三期国债的利率3.14%和3.49%。

李莉看到国债利率调整，打算将手中的国债"以旧换新"。原来，李莉购买了2006年6月1日发行的第三期国债1万元，从票面利率看，她认为"以旧换新"可以提高收益率。

可是，李莉的朋友却不赞同她的做法，她认为这样做很不划算，于是，她给李莉算了一笔账：

如果持有原来的第三期国债，到期收益应该为10000×3.14%×3＝942元。而假如到9月1日时提前兑付，持有时间为90天，根据"持有时间不满半年不计付利息，提前兑付要缴纳千分之一的手续费"的规定，不但要损失利息10000×3.14%×90/365＝77.42元，而且还需要另付10元的手续费，共损失87.42元。

再将1万元换购成新的第四期国债，到期收益为10000×3.39%×3＝1017元，比前三期收益仅多了1017－942＝75元，再减去87.42元损失，结果是亏损的，所以"以旧换新"是不划算的。

由此可见，国债理财也是需要技巧的，若操作不当，就会亏损。因此，投资者在进行国债投资时应注意以下几点：

1. 要先了解国债的规则

投资者在购买国债前，先要了解其规则，然后再根据自身的投资计划决定买进、卖出以及投资额度。许多投资者误以为国债提前支取就得按活期计算，这是不正确的，投资者选择国债理财也应首先熟悉所购买国债的详细条款并主动掌握一些技巧。

在我国，发行的国债主要有两种，即凭证式国债与记账式国债。凭证式国债的利率高于银行存款利率且利率固定，记账式国债的利率则低于同期的银行存款年利率并且对市场变动略敏感。

凭证式国债和记账式国债在发行方式、流通转让及还本付息方面都有不少不同之处，购买国债时，要根据自己的实际情况来选择哪种国债。

按照规定，凭证式国债从购买之日起计息，可以记名和挂失，但不能流通。投资者购买后，如果需要变现，可到原购买网点提前兑取。但是投资者若购买凭证式国债不到半年就兑付，除了没有利息之外，还要支付 0.1% 的手续费。这样，就会造成本金的"缩水"。在半年内提前支取，其利息也要少于储蓄存款提前支取。此外，储蓄提前支取不需要手续费，而国债则需要支付手续费。

因此，投资者在购买凭证式国债之前，一定要制订一个长远的理财计划，可以进行组合投资，把国债、基金、活期存款、定期存款等组合起来进行投资，也就是"不要把鸡蛋放在一个篮子里"，这样在需要用钱提前支取的时候也不会出现"亏本的买卖"。

记账式国债是财政部通过无纸化方式发行的，以计算机记账的记录债权并且可以上市交易。记账式国债可以自由买卖，其流通转让较凭证式国债更

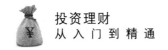

安全、更方便。相对于凭证式国债，记账式国债更适合 3 年以内的投资，其收益与流动性都好于凭证式国债，记账式国债的净值变化是有规可循的，记账式国债净值变化的时段主要集中在发行期结束开始上市交易时，往往在证交所上市初期出现溢价或贴水。投资者只要避开这个时段购买，就能规避国债成交价格波动带来的风险。

记账式国债上市交易一段时间后，其净值便会相对稳定，随着记账式国债净值变化稳定下来，投资国债持有期满的收益率也将相对稳定，但这个收益率是由记账式国债的市场需求决定的。对于那些打算持有到期的投资者而言，只要避开国债净值多变的时段购买，任何一只记账式国债将获得的收益率都相差不大。

另外，个人宜买短期记账国债，如果时间较长的话，一旦市场有变化，下跌的风险很大，记账式国债投资者一定要多加注意。相对而言，年轻的投资者对信息及市场变动比较敏感，所以记账式国债更适合年轻的投资者购买。

2. 掌握逐次等额买进摊平操作技巧

投资者在选择国债时，如果国债的价格具有较大的波动性，并且无法准确地预期其波动的各个转折点，投资者可以运用逐次等额买进摊平操作法。

逐次等额买进摊平法就是在确定投资于某种国债后，选择一个合适的投资时期，在这一段时期中定量定期地购买国债，不论这一时期该国债价格如何波动都持续地进行购买，这样可以使投资者的每百元平均成本低于平均价格。需要注意的是，投资者在运用逐次等额买进摊平操作法时，要严格控制所投入资金的数量，保证投资计划逐次等额进行。

李先生在购买国债时，在确定的投资时期中分 5 次购买，每次购入国债100张，第1次购入时，国债价格为120元，李先生购入100张；第2次购进时，国债价格为125元，他又购入100张；第3次购入时，国债价格为122元，李先生仍然购入100张；第4次、第5次李先生的购入价格分别是126元、130元。

到整个投资计划完成时，李先生购买国债的平均成本为124.6元，而此时国债价格已涨至130元，这时李先生如果抛出此批国债，将获得收益为：（130-124.6）×500 = 2700（元）。

因为国债具有长期投资价值，所以按照逐次等额买进摊平操作技巧，可以稳妥地获取收益。

3. 等级投资计划法

等级投资计划法是由股票投资技巧而得来，是投资者事先按照一个固定的计算方法和公式计算出买入和卖出的国债的价位，然后根据计算结果进行操作。只要国债价格处于不断波动中，投资者就必须严格按照事先拟订好的计划来进行国债买卖。

具体的操作步骤是，当投资者选定一种国债作为投资对象后，就要划定国债变动的一定幅度作为等级，这个幅度可以是一个确定的百分比，也可以是一个确定的常数。每当国债的价格下降一个等级时，就买入一定数量的国债；相反，每当国债价格上升一个等级时，就卖出一定数量的国债。其操作要领是"低进高出"，即在低价时买进、高价时卖出。

由于国债最终还本付息，因此，其价格呈缓慢上升趋势。在运用等级投资法时，一定要注意国债价格的总体走势，并且，国债价格升降幅度即买卖等级的间隔要恰当。国债市场行情波动较大，买卖等级的间隔可以大一些；国债市场行情波动较小，买卖等级间隔就要小一些。如果买卖等级间隔过

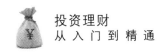
大，会使投资者丧失买进和卖出的良好时机，而过小又会使买卖差价太小，在考虑手续费因素后，投资者获利不大。同时，投资者还要根据资金实力和对风险的承受能力来确定买卖的批量。

4. 三角投资法

三角投资法，就是利用国债投资期限不同所获本息和也就不同的原理，使得在连续时段内进行的投资具有相同的到期时间，从而保证在到期时收到预定的本息和。这个本息和可能已被投资者计划用于某种特定的消费。

陈晨决定在 2000 年进行一次"千禧年"国际旅游，因此，他决定投资国债以便能够确保在千年之交得到所需资金。这样，他可以在 1994 年投资 1994 年发行的 5 年期债券，在 1996 年购买 1996 年发行的 3 年期债券，在 1997 年购买 1997 年发行的 2 年期债券。这些债券在到期时都能收到预定的本息和，并且都在 1999 年到期，从而能保证有足够资金来实现"千禧之梦"。

三角投资法的特点是，在不同时期进行的国债投资的期限是递减的，它的优点是能获得较固定收益，又能保证到期得到预期的资金以用于特定的目的。

5. 梯形投资法

梯形投资法，就是每隔一段时间，在国债发行市场认购一批相同期限的债券，每一段时间都如此，接连不断，这样，投资者在以后的每段时间都可以稳定地获得一笔本息收入。

Lucy 在 2002 年 6 月购买了 2002 年发行的 3 年期的债券，在 2003 年 3 月购买了 2003 年发行的 3 年期的债券，在 2004 年 4 月购买 2004 年发行的 3 年期债券。

这样，在 2005 年 7 月，Lucy 就可以收到 2002 年发行的 3 年期债券的本息和，此时，该 Lucy 又可以购买 2005 年发行的 3 年期国债，这样，他所持有的三种债券的到期期限又分别为 1 年、2 年和 3 年。如此滚动下去，Lucy 就可以每年得到投资本息和，从而既能够进行再投资，又可以满足流动性需要。

只要 Lucy 不停地用每年到期的债券的本息和购买新发行的 3 年期债券，则其债券组合的结构就与原来的相一致。

梯形投资法又称等期投资法，采用此种投资方法的投资者能够在每年中得到本金和利息，因而不至于产生很大的流动性问题，不至于急着卖出尚未到期的债券，从而不能保证收到约定的收益。同时，在市场利率发生变化时，梯形投资法下的投资组合的市场价值不会发生很大的变化，因此国债组合的投资收益率也不会发生很大的变化。此外，这种投资方法每年只进行一次交易，因而交易成本比较低。

6. 金字塔式操作法

与等额平均法不同，金字塔式操作法是通过倍数买进来摊平成本。当投资者第一次买进国债后，发现价格下跌时，可加倍买进。以后在国债价格下跌过程中，每一次购买数量比前一次增加一定比例，这样就成倍地加大了低价购入的国债占购入国债总数的比重，降低了平均总成本。由于这种买入方法呈正三角形趋势，形如金字塔形，所以称为金字塔式操作法。

国债的卖出也可以采用金字塔式操作法，在国债价格上涨后，每次加倍抛出手中的国债，随着国债价格的上升，卖出的国债数额越大，以保证高价卖出的国债在卖出国债总额中占比较大比重而获得较大盈利。

当然，在运用金字塔式操作法买卖国债时，必须对资金做好安排，避免最初投入资金过多导致以后的投资无法加倍摊平。

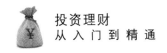
如何规避债券投资的风险

任何投资都是有风险的，债券投资的风险是指债券预期收益变动的可能性及变动幅度，债券投资的风险是普遍存在的。因此，正确评估债券投资风险，明确未来可能遭受的损失，是投资者在投资决策之前必须要做好的工作。具体来说，投资债券存在以下几方面的风险：

1. 利率风险

债券的利率风险，指市场利率变动导致债券价格与收益发生变动的风险。利率是影响债券价格的重要因素之一，由于大多数债券有固定的利率及偿还价格，市场利率波动将引起债券价格反方向变化，即当利率提高时，债券的价格就降低；当利率降低时，债券的价格就会上升。由于债券价格会随利率变动，所以即便是没有违约风险的国债也会存在利率风险。

此外，债券利率风险与债券持有期限的长短密切相关，期限越长，利率风险就越大。

2. 流动性风险

流动性风险是指投资者在短期内无法以合理的价格卖掉债券的风险。市场上债券的种类繁多，所以也有冷热债券之分。对于一些热销债券，其成交量周转率都会很大。相反，一些冷门债券，有可能很长时间都无人问津，根本无法成交，实际上是有行无市，流动性极差，变现能力也差。如果持有人非要变现，就只有大幅度折价，造成损失。

3. 再投资风险

投资者若购买短期债券，将会有再投资风险。例如，长期债券利率为14%，短期债券利率为13%，为减少利率风险而购买短期债券，但在短期债券到期收回现金时，如果利率降低到10%，就不容易找到高于10%的投资机会，还不如当期投资于长期债券，仍可以获得14%的收益，归根结底，再投资风险还是一个利率风险问题。

4. 税收风险

对于投资免税的政府债券的投资者面临着税率下调的风险，税收因素对债券收益率有较大影响。税率越高，免税的价值就越大，如果税率下调，免税的实际价值就会相应减少，则债券的价格就会下降；对于投资于免税债券的投资者面临着所购买的债券被有关税收征管当局取消免税优惠，则也可能造成收益的损失。

根据现在的税收制度和债券品种，在各类债券中，只有国债利息免税。其他品种，如央行票据、企业债、金融债和次级债等，投资者均需对利息缴税。此外，债券交易中产生的资本利得也需缴税。这里需要澄清一个概念，有很多人一想到利息要缴税就认为是20%的利息税，这对个人投资者是适用的，并由券商代扣代缴，但对机构投资者来说，利息收入作为投资收益进入机构的损益表，并成为税前利润的一部分，进行必要的纳税调整后再缴纳所得税。此外还有针对利息和资本利得收入缴纳的营业税，数额较小，在此忽略。

5. 政策风险

政策风险是指政府有关证券市场的政策发生重大变化或是有重要的举措、法规出台，引起证券市场的波动，从而给投资者带来的风险。

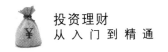

在市场经济条件下，由于受价值规律和竞争机制的影响，各企业争夺市场资源，都希望获得更大的活动自由，因而可能会触犯国家的有关政策，而国家政策又对企业的行为具有强制约束力。另外，国家在不同时期可以根据宏观环境的变化而改变政策，这必然会影响到企业的经济利益。因此，国家与企业之间由于政策的存在和调整，在经济利益上会产生矛盾，从而产生政策风险。

政策风险具有多种形式，如投资人购买某种债券时，国家并不要求对其利息收入纳税，但在后期突然宣布债券要交利息税，就使投资者的实际收益率下降；又如，投资者购买免税的政府债券，就面临着利息税下调的风险，因为利息税越高，免税价值越大，该债券的价格就越高。

6. 购买力风险

购买力风险，是指由于通货膨胀而使货币购买力下降的风险。通货膨胀期间，投资者实际利率应该是票面利率扣除通货膨胀率。若债券利率为10%，通货膨胀率为8%，则实际的收益率只有2%。购买力风险是债券投资中最常出现的一种风险。

在通货膨胀的情况下，货币的购买力是持续下降的。债券是一种金钱资产，因为债券发行机构承诺在到期时付给债券持有人的是金钱，而非其他有形资产。换句话说，债券发行者在协议中承诺付给债券持有人的利息或本金的偿还，都是事先议定的固定金额，此金额不会因通货膨胀而有所增加。由于通货膨胀的发生，债券持有人从投资债券中所收到的金钱的实际购买力越来越低，甚至有可能低于原来投资金额的购买力。通货膨胀剥夺了债券持有者的收益，而债券的发行者则从中大获其利。

上面介绍了债券投资过程中所面临的各种风险，投资者在投资债券时需要认真对待，利用各种方法和手段去了解风险、识别风险，寻找风险产生的原因，然后制定风险管理的原则和策略，从而去规避风险、转嫁风险，减少风险损失，力求获取最大收益。以下规避债券投资风险的方法可供借鉴。

1. 投资前进行风险论证

在投资之前，投资者应通过各种途径，充分了解和掌握各种信息，从宏观和微观两方面去分析投资对象可能带来的各种风险。

从宏观角度，必须准确分析各种政治、经济、社会因素的变动状况；了解经济运行的周期性特点、各种宏观经济政策尤其是财政政策和货币政策的变动趋势；关注银行利率的变动以及影响利率的各种因素的变动，如通货膨胀率、失业率等指标。

从微观角度，既要从总体上把握国家的产业政策，又要对影响国债或企业债券价格变动的各种因素进行具体的分析。对企业债券的投资者来说，了解企业的信用等级状况、经营管理水平、产品的市场占有情况以及发展前景、企业各项财务指标等都是十分必要的。

此外，还要进一步了解和把握债券市场的交易规则、市场规模、投资者的组成，以及基本的经济和心理状况、市场运作的特点……只有提前做好功课，才能降低投资风险。

2. 选择多品种分散投资

运用分散投资的方法是降低债券投资风险的最简单的办法。投资者可将自己的资金分别投资于多种债券，如国债、企业债券、金融债券等。各种债券的收益和风险是各不相同的。如果将资金集中投资于某一种债券可能会产生种种不利后果，如把所有资金全部用来购买国债，这种投资行为尽管非常安全、风险很低，但由于国债利率相对较低，这样做使得投资者失去投资企业债券所能得到的高收益；如果全部资金用来投资于高收益的低等级企业债券，收益可能会很高，但缺乏安全性，很可能会遇到经营风险和违约风险，最终连同高收益的承诺也可能变为一场空。因此，有选择性地购买各种不同名称的债券，可以使风险与收益多次排列组合，能够最大限度地减少风险或分散风险。

3. 中短期债券避风险

尽管长期债券的收益率高于中短期债券，但如果投资者不能保证能够持有长期债券到期，那这种对于未来利率走高的补偿就不能享有了，所以，对于风险承受能力小的投资者，适合投资中短期债券。

相对来说，短期债券由于存续期短，受以后加息的不确定因素的影响比较小，而且期限短，资金占用时间不长，再投资风险较小。中期债券品种中，目前 7 年期国债与 10 年期、15 年期国债的利率水平已经基本接近。对于同期限的国债来说，当收益率变动相同幅度的时候，票面利率越高，价格波动越小。可以适当选择期限在 7 年期左右的票面利率比较高的券种。

4. 运用各种有效的投资方法和技巧

（1）利用国债期货交易进行套期保值。国债期货套期保值交易对规避国债投资中的利率风险十分有效。国债期货交易是指投资者在金融市场上买入或卖出国债现货的同时，相应地作一笔同类型债券的远期交易，然后灵活地运用空头和多头交易技巧，在适当的时候对两笔交易进行对冲，用期货交易的盈亏抵补或部分抵补相关期限内现货买卖的盈亏，从而达到规避或减少国债投资利率风险的目的。

（2）准确进行投资收益的计算，并以此作为投资决策的依据。投资收益的计算有时十分复杂，必须准确进行。

5. 以不变应万变

以不变应万变是防范风险的措施之一。在债券市场价格走势不明显、此起彼落时，在投资者买入卖出纷乱，价格走势不明显时，投资者无法做顺势投资选择，最好的做法便是以静制动，以不变应万变。因为在无法判断的情况下，做顺势投资，很容易盲目跟风，很可能买到停顿或回头的债券，结果疲于奔命，一无所获。此时以静制动，选择一些涨幅较小和尚未调整价位的债券买进并耐心持有，等待其价格上扬，是比较明智的做法。当然，这要求投资者必须具备很深的修养和良好的投资知识与技巧。

6. 做顺势投资

对于小额投资者来说，不具备操纵市场的能力，只能跟随市场价格走势做买卖交易，即当价格上涨人们纷纷购买时买入；当价格下跌时人们纷纷抛出时抛出，这样可以获得大多数人所能够获得的平均市场收益。这种防范措施虽然简单，也能收到一定效益，但却有很多不尽如人意之处。

必须掌握跟随时间分寸，这就是通常说的"赶前不赶后"。如果预计价格不会再涨了，而且有可能回落，那么尽管此时人们还在纷纷购买，也不要顺势投资，否则价格一旦回头，必将遭受与众人一样的损失。

7. 避免不健康的投资心理

要防范风险还必须注意避免一些不健康的投资心理，如盲目跟风往往容易上当，受暗中兴风作浪、操纵市场人的欺骗；贪得无厌，往往容易错过有利的买卖时机；赌博心理，孤注一掷的结果往往会导致血本无归；嫌贵贪低，过分贪图便宜，容易持有一堆蚀本货，最终不得不抛弃而一无所获。

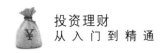

不可不知的债券信用评级

在投资市场中，一个聪明的投资者会对债券的信用等级有所了解后，再选择适合自己的投资对象。债券的信用评级通常是由专门的机构做出，个体投资者由于受知识和信息等多方面的限制，他们对于债券缺乏全面的了解，也就无法做出全面的分析和选择，这就需要专业的资信评级机构根据独立、公正、客观的原则，对面向社会公开发行债券筹资的发债人的整体信用状况进行综合分析，据此判断发债人届时偿付债务本息的能力，进而对其违约可能性进行科学的评估。

在实践中，这种评估通常划分为不同的级次，并以简单、直观的符号标示为不同的信用等级。信用等级与违约可能性逆相关。信用等级越高，违约的可能性就越小；信用等级越低，违约的可能性就越高。信用评级的核心是通过向债券购买者揭示发债人的风险来保护投资者的利益。

目前，国际上公认的比较权威的评级机构有穆迪投资者服务公司、标准·普尔公司和惠誉国际信用评级公司。在我国，债券评级工作始于1987年，并且发展速度缓慢，根据我国证券法的规定，企业的信用在 A 级以上才有资格发行债券。而凡是向社会公开发行的债券都需要接受中国人民银行所指定的资信评估机构进行信用评估。

穆迪投资者服务公司信用等级标准从高到低可划分为 Aaa 级、Aa 级、A 级、Baa 级、Ba 级、B 级、Caa 级、Ca 级、C 级，在从 Aa 到 Caa 的各个基本等级后面加上修正数字 1、2 及 3。

而标准·普尔公司将一个上市公司的信用等级标准从高到低划分为 10 个等级，分别为 AAA 级、AA 级、A 级、BBB 级、BB 级、B 级、CCC 级、CC 级、C 级和 D 级。

惠誉国际信用评级公司的信用等级标准的划分与标准·普尔公司相同，从高到低依次分为 AAA 级、AA 级、A 级、BBB 级、BB 级、B 级、CCC 级、CC 级、C 级和 D 级。

在信用评级中，投资者只要记住 AAA 级、AA 级、A 级、BBB 级这 4 项具有较高的债券信誉度，其他信誉度都相对较低就可以了。

AAA 级：表示信誉度很高，几乎无风险，其代表着该企业拥有雄厚的实力和先进的指标，资产质量优良，清偿支付能力强，具有良好的经济效益，企业陷入财务困境的概率很小。

AA 级：信誉度很高，基本无风险。其表示企业实力较强，资产质量较好，同时经济收入比较稳定，经营管理状况良好，有较强的清偿与支付能力，其企业信用程度较高。

A 级：信誉较好，具备支付能力，风险较小。其表示无论是企业实力还是资产质量都很普通，经济效益也不稳定，经济指标处于中等水平，清偿与支付能力尚可，但很容易受到外部经济条件的影响，不过没有太大的风险，企业信用程度良好。

BBB 级：信誉一般，基本具备支付能力，稍有风险。表示企业信用程度、企业资产及企业财务状况都一般，各项经济指标处于中等，容易受到不确定因素的影响，具有一定的风险。

BB 级：信誉欠佳，支付能力不稳定，有一定的风险。表示企业资产情况

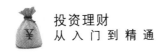
较差，各项经济指标处于较低水平，清偿与支付能力不佳，容易受到不确定因素的影响，同时这种企业拥有着诸多不良信用记录，其没有明确的发展前景，投机性因素较多，企业的信用程度较差。

购买债券的几种方式

在债券市场中，债券的品种主要有国债、政策性金融债、企业债、可转债、公司债、企业短期融资券、中期票据等，不同类型的债券购买的方式不同，投资者在购买债券前首先要想清楚自己想要购买哪种类型的债券。

在我国，债券市场交易分为场内交易市场和场外交易市场，并形成了以场外市场为主、场内市场为辅，相互补充的市场体系。场内市场主要是交易所市场，机构和个人投资者都可以广泛参与，而银行间市场和柜台市场都属于债券的场外市场。银行间市场的交易者都是机构投资者，银行柜台市场的交易者则主要是中小投资者，其中大量的是个人投资者。

1. 交易所：企业债、可转债等多种选择

目前在交易所债市流通的有记账式国债、企业债、公司债和可转债。在交易所市场里，个人投资者只要在证券公司的营业部开设债券账户，就可以像买股票一样购买债券，并且还可以实现债券的差价交易。除国债外，据最新统计，目前已在两家交易所上市交易的企业债有 292 只，可转债 34 只，可分离债 17 只，公司债 11 只，只要开设了交易所股票账户就可以参与购买。

在交易所，投资者可以用股票账户买卖债券。债券单位为"张"，1 张为

100 元，最低交易单位为 1 手，1 手为 10 张，也就是 1000 元，1000 元就是交易所债券的交易门槛。

交易所债券购买的方式和购买股票一样，输入债券代码、买入价和数量即可。交易所债券的信息和交易代码，可以通过上证交易所和深证交易所网站的信息披露中债券信息栏目下查询，或者在股票交易软件中输入"SZZQ"（深圳债券简称）或"SHZQ"（上海债券简称）再选择具体的债券按 F10 键查询具体信息。

债券信息需要着重关心这几点：债券发行人、票面利率、发行年限、派息日期、信用评级、债券担保情况、回购条款等。

在交易所买卖债券的交易成本要比股票低，为促进债券市场的发展，不仅免征印花税，交易佣金亦大幅下调。据估算，买卖债券的交易成本大概在万分之五以下，大概是股票交易成本的 1/10。

不过投资者需要注意的是，除国债外，债券的利息所得需要缴纳 20% 的所得税，这笔税款将由证券交易所在每笔交易最终完成后替投资者清算资金账户时代为扣除。

2. 银行柜台：储蓄式国债

目前，在银行柜台只能购买凭证式国债，并且这种品种不具有流动性，仅面向个人投资者发售，更多地发挥储蓄功能，投资者只能持有到期，获取票面利息收入；不过有的银行会为投资者提供凭证式国债的质押贷款，提供了一定的流动性。

投资者在银行柜台购买凭证式国债时，需要提供本人有效身份证件，在银行柜台办理开户。开立只用于储蓄国债的个人国债托管账户不收取账户开户费和维护费用，且国债收益免征利息税。

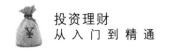
不过，开立个人国债托管账户的同时，还应在同一承办银行开立（或者指定）一个人民币结算账户（借记卡账户或者活期存折）作为国债账户的资金账户，用以结算兑付本金和利息。虽不能上市交易，但可按规定提前兑取。

3. 委托理财：债券基金与固定收益产品

除了国债和金融债外，几乎所有债市品种都在银行间债券市场流通，包括次级债、企业短期融资券、商业银行普通金融债和外币债券等。这些品种普遍具有较高的收益，但个人投资者尚无法直接投资。

债券基金可投资国债、金融债、企业债和可转债，而银行的固定收益类产品可投资的范围更广，包括在全国银行间市场发行的国债、政策性银行金融债、央行票据、短期融资券等其他债券。

个人如何购买公司债券

随着股票市场波动的加剧，越来越多的投资者趋向于稳健型投资。公司债券的推出为广大投资者提供了新的投资品种。

公司债券是指公司依照法定程序发行、约定在一定期限还本付息的有价证券。2007 年 8 月 14 日，中国证监会正式颁布实施《公司债券发行试点办法》，这标志着我国公司债券发行工作的正式启动。公司债券发行试点从上市公司入手。初期，试点公司范围仅限于沪深证券交易所上市的公司及发行境外上市外资股的境内股份有限公司。同年 9 月，长江电力股份有限公司首发公司债券，开启了我国公司债券发行的先河。

在风险收益比上，国债、地方政府债等具有国家信用担保，因此被称为利率品种，收益相对较低；其他的公司债或企业债等，因信用状况各不相同，因而存在较明显的价格波动，有一定风险，但收益会高出利率品种不少。

公司债券收益比较高，可达 10% 以上，但风险比较大。结合银行间市场与交易所市场，高风险债券前 20 名中，基本为公司债，它们都有一个基本特征：到期收益率在 11% ~ 13%，公司所处行业产能过剩。

目前，个人投资公司债券主要是通过直接投资和间接投资两种方式。其中，直接投资又包括两方面，一是参与公司债一级市场申购；二是参与公司债二级市场投资。

间接投资就是投资者买入银行、券商、基金等机构的相关理财产品，然后通过这些机构参与公司债的网下申购。

个人要投资公司债券，首先要在证券营业网点开设一个证券账户，等公司债正式发行的时候，就可以像买卖股票那样买卖公司债，只是交易最低限额是 1000 元，投资者在认购前将认购资金总额存入自己的证券账户。比如，长江电力公司债采取线上和线下发行相结合的方式，线上发行是将一定比例的公司债券通过上交所竞价交易系统面向社会广大投资者公开发行，无论是价格还是利率都是确定的。

投资公司债券的时候，一级市场申购不收取任何佣金、过户费和印花税等费用。参与公司债二级市场投资，也就是指投资者只能在二级市场中进行公司债的买卖。每个交易日的时间为 9 : 15 分至 9 : 25 分、9 : 30 分至 11 : 30 分、13 : 00 至 15 : 00，其中，9 : 15 分至 9 : 25 分分为竞价系统开盘集合竞价时间，而 9 : 30 分至 11 : 30 分、13 : 00 至 15 : 00 为连续兑价时间。公司债券实行 T+0 交易制度，也就是在当日完成买卖。在二级市场中，投

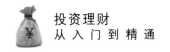
资者需要支付成交金额的 1% 作为费用。

虽然公司债的投资风险不比股票，但是还是有一定风险的，投资者仍不能掉以轻心。投资公司债券，首先要考虑其信用等级。资信等级越高的债券发行者，其发行的债券的风险就越小，对投资者来说收益就越有保证；资信等级越低的债券发行者，其发行的债券的风险就越大，虽然它的利率会相对高一点，但是与投资的本金相比哪一个更重要，相信投资者自己会权衡。

三个关键词帮你选择债券

通常情况下，当经济衰退、通胀水平下行并进入降息周期的过程中，股票和商品的表现会很差，此时债券就会成为热点投资工具。债券市场以相对稳定的投资保障以及不错的交易性收益，正在吸引更多的普通投资者投身其中。

提起债券，很多投资者首先想到的是在商业银行柜台购买的凭证式国债，即所谓国库券。实际上，现在个人投资者通过证券公司股票账户，即可实现交易所债券的自助买卖。一般而言，可交易的品种包括国债、地方政府债、公司债、企业债、可转债等。但债券投资不同于股票，投资者需要注意以下三个方面的问题。

1. 提高流通性

很多投资者在投资债券时，只考虑其收益性和安全性，而忽略了它的流通性，这类投资者认为，债券投资就是在债券发行的时候买进债券然后持有到期拿回本金和利息。

事实上，债券具有流通性，投资者根据需要可以提前拿回本金和一些利息。债券的流通性、安全性和收益性是紧密相关的。良好的流通性能够使得投资者有机会提前变现回避可能的风险，也可以使投资者能够提前享受投资收益。

此外，良好的流通性可以降低投资者的机会成本，投资者根据需要可以中途更换更理想的债券品种以获得更高的收益。如果能够成功地实现短期组合成长期的策略，并将中途能够拿回的利息再购买债券就变相达到了复利效应。所以，债券的流通性是与安全性和收益性一样值得考虑的特性。

目前，债券的流通性能可通过三大债券市场来实现，即银行柜台市场、银行间市场和交易所市场。银行柜台市场成交不活跃，而银行间债券市场是个人投资者几乎无法参与的，所以都跟老百姓的直接关联程度不大。

最适合个人投资者的交易市场是交易所，在交易所债券投资者可以开展债券大宗交易，同时也是普通投资者可以方便参与的债券市场，交易的安全性和成交效率都很高。所以，交易所市场是一般债券投资者应该重点关注的市场。

2. 注重关联性

债券虽然不同于股票，但二者之间并非水火不容，可转债就是两者的一个结合体。可转债既具有债券的性质——发债人到期要支付债券持有者本金和利息，又具有股票的特性，因为可转债一般发行半年后投资就可以择机行使转成股票的权利，债权就变成了股权，债券也就变身为股票。

普通的可转债相当于一张债券加若干份认股权证，也有债券和权证分开的可分离债，两者同时核准但分开发行和上市。由于可转债是债券与股票的结合体，因此普通可转债在债券市场很受欢迎，发行时会吸引大量投资者。

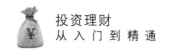
可转债上市后一般也会出现明显溢价，特别是在牛市的背景下，普通可转债的价格会随着相应股票的上涨而不断攀升。普通可转债的转股是一条单行道，转成股票后就不能再转回债券了，所以转股时机的把握是很重要的。

分离型可转债的债券部分由于利息较低还要交纳 20% 的利息税，所以上市后在很长的时间里交易价格都会低于 100 元面值，而权证则会成为十分活跃的交易品种。总的来说，可转债的投资风险有限，如果持有到期几乎就没有什么投资风险，但中间可能产生的收益却并不逊色于股票。所以，可转债是稳健投资者的绝佳投资对象。

可转债购买对于大多数投资者来讲还比较陌生，投资者可通过几种方式直接或间接参与可转债投资。第一，可以像申购新股一样，直接申购可转债。具体操作时，分别输入转债的代码、价格、数量等，最后确认即可。可转债的发行面值都为 100 元，申购的最小单位为 1 手 1000 元。第二，除了直接申购外，投资者通过提前购买正股获得优先配售权。由于可转债发行一般会对老股东优先配售，因此投资者可以在股权登记日之前买入正股，然后在配售日行使配售权，获得可转债。第三，在二级市场上，投资者只要拥有了股票账户，也就可以买卖可转债。具体操作与买卖股票类似。

3. 利用专业性

随着债券市场的发展，债券的品种和数量都会迅速增加，债券的条款与交易规则也会越来越多，并且债券投资通常涉及杠杆运作，通过杠杆放大收益，对于个券的信用分析需要较高的专业程度，财务报表、股东背景、偿债能力等都需要比较综合的判断。

在此情形下，债券投资会变得越来越专业，那么，依靠专业人士来打理债券投资就越来越有必要了，债券投资专业化会成为债券市场发展的一个必然趋势。

第五章

基金投资，借助专家的力量进行理财

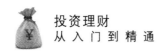
了解基金投资的优势

　　基金投资就是把众多投资者的资金汇集起来，由专业的基金管理公司管理运作，通过投资于股票和债券等方式实现增值，从而为投资者带来收益。简单地说，就是投资者把自己的钱交给专家来管理以达到资金的保值增值。

　　2007 年，在股票成交大幅放大、市场指数创出新高的背景下，基金成交金额达 8620.1 亿元，是 2006 年基金成交金额 3.5 倍。2007 年股票型基金平均每月发行规模达到 379 亿元，多只基金在单日销售即达到募集规模的上限。到 2010 年二季度末，证券投资基金市场管理规模已经超过 2.1 万亿元，证券投资基金作为长期投资的工具，也越来越受到广大投资人的关注。近年来，基金市场的良好表现，更是让投资者热情高涨。

　　基金市场的快速平稳发展，改变了社会传统的理财观念和理财方式，使得以信托关系为核心的理财文化被越来越多的人所认同和接受，并成为广大投资人参与社会投资的一种重要方式。

　　基金是一种兼顾风险和收益的理财方式，其按不同的方式有不同的分类。根据基金受益单位能否随时认购或赎回及转让方式的不同，可分为开放型基金和封闭型基金；根据投资基金的组织形式的不同，可分为公司型基金与契约型基金；根据投资基金投资对象的不同，可分为货币基金、债券基金、股票基金等。

基金是专门为众多的中小投资者设计的一种间接投资工具，与其他投资方式相比，具有许多自身独特的优势。

1. 专业化管理

很多投资者由于时间、精力、专业知识有限，不能很好地掌控投资技巧，而基金管理公司能很好地为投资者解决这些难题。每个基金管理公司都会配置投资专家，这些专家在专业知识、信息、经验方面拥有优势，他们具有深厚的投资分析理论功底和丰富的实践经验，对于每一项投资，他们都会用科学的方法研究股票、债券等金融产品，组合投资，规避风险。经过他们的专业运作，基金业绩一般会超过普通投资者的业绩。

当然，基金管理公司每年会从基金资产中提取一定的管理费，用于支付公司的运营成本。另一方面，基金托管人也会从基金资产中提取托管费。封闭式基金和上市开放式基金的持有人在进行基金单位买卖时要支付交易佣金。

2. 多元化投资渠道分散风险

多元化是投资的一个重要原则，投资者要把资金分散在不同的投资对象上才能有效分散投资风险。但对于普通投资人来说由于时间有限，资金规模有限，只能选择一两种股票，万一运气不好，两种股票都亏了，可能会血本无归，因此个体投资者一般难以做到分散投资，承担的风险相对较大。而基金管理公司由于它汇集大量投资者的资金，资金总额非常庞大，可以进行分散投资，通过投资组合来将风险最小化、收益最大化。

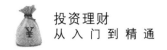
3. 优惠的待遇

无论是投资品种还是交易费用，基金都享有优惠的待遇。基金的认购费用一般为 1.2%，申购费一般为 1.5%，赎回费会根据持有年限的增加而减少，甚至为 0。

4. 严格监管，信息透明

为切实保护投资者的利益，增强投资者对基金投资的信心，中国证监会对基金业实行比较严格的监管，对各种有损投资者利益的行为进行严厉的打击，并强制基金进行较为充分的信息披露。开放式基金在每个开放日都会披露基金单位资产净值，定期公布基金投资品种和结构，投资者能够及时了解基金运作情况。在这种情况下，严格监管与信息透明也就成为基金的一个显著特点。

5. 投资方便，流动性好

购买基金的程序相当简单，投资者可以直接到基金公司里办买入手续，也可以通过委托证券公司代为买入。支付认购款后，投资者就拥有了若干个基金单位，成为该基金的收益人。并且，投资者可以随时按照基金单位资产净值申购、赎回，申购和赎回将按当天收盘后计算出来的基金净值成交。

基金的优势虽然显而易见，但它也不是一种十全十美的投资方式。基金是一种间接性的投资工具，投资于基金，就等于失去了直接参与证券投资和其他行业投资的机会，虽然省去了不少烦琐和辛劳，总体回报也有保障，但短期收益有可能比直接投资所获得的回报低。尽管基金会采取各种不同的投资组合令经营风险大力降低，但风险并不能就此完全消除。投资者的资金有可能因为基金管理人管理不善或市场不利而蒙受损失。并且，购买基金也不同于银行存款，可以随时即时兑现，投资者若频繁买卖基金，所支付的费用可能会较高，因而基金不宜做短线炒卖，宜作中长线投资。

投资基金如何获利

投资的目的是获得收益，基金获利的来源主要是买卖差价所得和基金的分红收益。比如，开放式基金是通过所投资的股票或债券升值或获取红利、股息、利息等，导致基金单位净值增长；而封闭式基金是通过基金价格上涨时获得差价收入。差价收入扣掉买卖基金时的相关手续费用后，就是投资者的收益。

基金的获利模式与基金的种类息息相关，基金的类型越偏积极成长型，风险越高，投资者的获利来源就更多是以资本利得为主；相对地，如果基金的类型偏重固定收益型，则投资者的获利来源将是以分红收益为主。

由此可见，投资基金除了买卖基金时的价格差异为投资者带来收益以外，在投资期间投资者所取得的基金分红也会增加投资者的收入，也同样是投资基金获利的组成部分。因此，投资基金的总收益就等于资本利得收益加上分红收益。

1. 差价获利

一般的投资通常就是逢低买入，逢高卖出，以寻求最大的获利，基金投资获利也遵循这样的原则。对于在市场上挂牌的封闭式基金，其市场价格随着市场供求的变化而不断上下波动，投资人在市场上低价买入基金再高价卖出，扣除应缴的手续费后，就是价差获利。

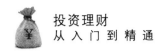

2. 分红获利

分红是投资基金获得收益的途径之一。基金分红是指基金将收益的一部分以现金方式派发给基金投资人。基金分红的原则和方式在基金的公开文件中都会有明确说明，根据证监会的规定，在基金的公开文件中要明确一只基金一年中最多的分红次数，投资人应该在购买基金前对分红政策有所了解。

不同类型的基金，分红方式可能也不一样。对于开放式基金，目前大部分基金公司提供了现金分红和红利再投资两种方式供投资者选择。投资者选择现金分红，红利将于分红日从基金托管账户向投资者的指定银行存款账户划出；而红利再投资则是基金管理公司向投资者提供的、直接将所获红利再投资于该基金的一种服务，相当于上市公司以送股形式分配收益。如果投资者暂时不需要现金，就可以选择红利再投资方式。在这种情况下，分红资金将转成相应的基金份额并记入投资者的账户，一般免收再投资的费用。

我们来举例说明这两种方式的不同。如果你持有华富竞争力基金 10 万份基金份额，现每基金份额分红 0.05 元：假设你选择的是现金分红方式，那么你可以得到 0.5 万元现金红利；假设你选择的是红利再投资，而分红基准日基金份额净值为 1.25 元，那么你可以分到 5000÷1.25 ＝ 4000 份基金份额，这时你持有的基金份额就变为 10.4 万份了。

如果你是拿到 0.5 万元现金而又重新投资基金，假设购买日基金份额净值仍为 1.25 元，申购费为 2%，那么你的申购费用是 5000－[5000÷(1+2%)] ＝ 98.0392 元，申购份额是 5000÷(1+2%)÷1.25＝3921.57 份。比上面的 10.4 万份少了 78.43 份。

由此可见，影响的因素有两个：一是红利再投资方式不收取申购费用；二是购买时的基金份额净值与依据分红基准日的净值而定。

而对于封闭式基金，由于基金份额固定，收益分配只能采用现金形式，ETF 也如此。

如何规避基金的风险

任何投资都会存在风险，基金虽然是由专业人士管理，能够进行组合投资分散风险，但也并非绝无风险。事实上，基金本身是一种具备风险的投资方式，并不是稳赚不赔，其收益与市场密切相关，不论是股票市场还是债券市场都是如此。

在这个世界上，既有高收益又没有风险的产品是不存在的。当市场形势良好的时候，基金能给投资者带来满意的回报，当市场形势低迷的时候，亏损也是大概率事件。因此，对投资者来讲，如果在投资基金之前，充分了解了基金的相关信息、面临的风险及自己的风险承受能力，进而做出的投资决策才是理性的，这种投资者才是理性投资者。

退休的李阿姨打算用手中的闲钱作投资，在邻居小王的推荐下，购买了一只基金。购买时小王信誓旦旦地说："这是专家操作，比较放心！没有风险，稳赚不赔。"

当时，小王推荐的基金非常热门，1 元钱一份，李阿姨共买了 20000 元。然而，没过多少日子，股市开始下跌。李阿姨的基金也就缩水了。

眼看基金净值在一天天下跌，李阿姨有些着急了，找到了小王，这才知道小王其实是个"半桶水"投资者。

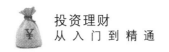
小王苦恼地说："专家操作，不应该亏啊。银行里的人都说风险小，当时买这只基金的人排队都排到马路上了。"

李阿姨的投资故事说明，基金作为一种投资方式，它既能带来收益，也可能造成亏损。投资者要理性对待，不能只看到收益而忽略风险，也不能只盯住风险而看不到收益。

基金管理人虽然会采用科学的投资组合来分散风险，但是任何人和任何措施都无法彻底地消除政策风险、经济周期风险、市场风险、利率风险、财务风险、上市公司经营风险等系统性风险，因而基金投资风险大小主要取决于整个组合的系统性风险。

除了系统性风险，不同种类的基金，其风险程度也是各异。如积极成长型的基金较稳健成长型的基金风险大，投资科技型股票的基金较投资指数型基金风险大，当然风险大的基金收益也大。一般来说，基金产品主要包括以下几种风险：

价格波动风险：众所周知，股票和债券的价格会有波动，基金的价值也会因此发生波动。封闭式基金的价格与基金净值之间一般来说是同方向变动的。开放式基金的价格基本上就是基金净值，开放式基金的申购和赎回价格会随着净值的下跌而下跌。如果基金资产净值下跌到成本之下，投资者将面临亏损。

流动性风险：投资者在卖出基金时，可能遇到不能变现的困难。比如，封闭式基金在市场进行买卖，购买者有可能会面临在一定的价格下无法出售的风险或不能及时出售的风险。开放式基金管理人遇到巨额赎回，有时会延长赎回时间，卖出股票和债券以变现资产，这个过程会对资产价值带来影响，从而造成持有人最终赎回金额的不确定。

由于基金管理人在正常情况下必须以基金资产净值为基准承担赎回义务，投资者不存在通常意义上的流动性风险，但当基金面临巨额赎回或暂停赎回的极端情况下，基金投资者可能无法以当日单位基金净值全额赎回，如选择延迟赎回则要承担后续赎回日单位基金资产净值下跌的风险。

市场风险：这是基金的主要风险来源，金融市场有所波动，就会影响基金投资标的价格，从而就有亏损的可能。

通货膨胀风险：这是指投资回报未能跟上物价上涨的风险。近一段时期，我国的通货膨胀风险不断加剧，银行存款及国债投资等的收益率已经赶不上物价的上涨了。

利率风险：这是指利率大幅变动所造成的风险，其中以债券型基金受到的影响最大。

管理风险：因为基金公司管理不善，或基金经理选股不善导致决策失误，会使投资者蒙受损失。

了解了基金投资的风险，就要想办法去防范这些风险，避免给自己造成投资的损失。对于投资者来说，可以运用以下几种方法来规避基金投资的风险。

1. 明确投资目标

入市前，投资人要明确投资目标、想取得什么样的收益、可投入资金及可承受的风险。如果是保守的投资人，可选稳定收益的货币型、债券型基金。如果追求高收益高风险，可考虑股票型基金。如果只有短期资金，建议投资于低风险的存款或债券，中长期的资金才比较适合于基金。

2. 投石问路

新入市的投资者在基金投资中，常常把握不住最适当的买进时机，如果

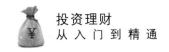
没有太大的获利把握时将全部资金都投入到基金中，就有可能遭受惨重损失。如果投资者先将少量资金试探性买入，以此作为是否大量购买的依据，可以减少买基金的盲目性与失误率，从而减少投资者买进基金后被套牢的风险。

因此，新人在购买基金时，不宜把资金一次性全部投进去，每个月定期、定额地投入一定数量的资金，既不要因为市场上涨就增加投资金额，也不要因为市场下跌就减少投资金额，始终保持固定的投资速度和金额。市场总有起伏，定期定额投入可以有效降低市场波动产生的风险。

3. 组建投资组合

投资者可根据自己的风险承受能力组建投资组合，以此来分散投资风险。比如，激进型投资者可以按照 30% 和 70% 的比例进行资产配置；稳健型投资者可以按 40% 和 60% 的比例配置；保守型投资者应将安全资产的比重提至 80%。

有时仅靠比例的组合是难以抵御市场风险的，还需要投资者有自己的认识，能够对基金做出搭配组合，比如在风险收益上，投资组合应该包括股票型基金、混合型基金、货币型基金的不同搭配。

在设定投资组合后，还需要定期审视自己的基金定投组合，逐渐降低定投组合中高风险类型基金的比例，从而降低整个定投组合的投资风险，根据市场情况适时进行调整。

4. 基金转换

相对于股票来说，基金买卖的手续费比较高，所以，如果每次市场行情下跌时，投资者都选择赎回基金，等市场行情上涨的时候再申购，无疑会增大投资的成本。事实上，可采取基金转换的方式来减少投资的成本。

　　基金转换是指投资者在持有基金公司发行的任一开放式基金后，可直接自由转换到基金公司管理的其他开放式基金，而不需要先赎回已持有的基金单位，再申购目标基金。

　　利用货币基金与股票型基金的转换，可以为投资理财节约很多时间成本。我们所能够熟知的股票型基金赎回到账的最短时间是 5 个工作日，如果投资者准备转换基金，要花 5 天时间。如果借道货币基金，只需要最长 3 个工作日即可实现。投资者可以在市场低迷的时候投资货币型基金，在行情有起色的时候再把货币型基金转换成相应的股票型基金。

　　基金转换时，投资者只需支付较低的转换费率，不必支付较高的赎回和申购费率。因此，投资者利用基金转换业务，可以用比较低的投资成本，规避市场波动带来的风险。

　　总之，投资有风险，入市需谨慎。自古以来，收益都伴随着风险，期望收益越高，承担的风险也就越大。基金作为一种权益类投资工具，也伴随着风险。投资人在投资前须对自身的风险承受能力进行充分的评估，对自己的风险承受能力有清醒的认识。不要因为追求高收益而购买超越自身风险承受能力的产品。

基金定投的三大诀窍

　　近几年，市场的大幅波动，以基金为代表的理财机构积极倡导定投方式。投资者只需选择一只基金，向代销该基金的银行或券商提出申请，选择

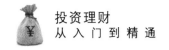

设定每月投资金额和扣款时间以及投资期限，办理完相关手续后就可以坐等基金公司自动划账。

基金定投被业内戏称为"懒人投资法"，投资者可以通过网上银行和基金公司的网上直销系统设置基金定投，投资者足不出户，轻点鼠标，就可以完成所有操作。

基金定投的主要特征是每隔一段固定时间，以固定的金额去购买某种基金。由于基金价格是经常变动的，所以每次所购买的基金份额也不一样。当价格较低时可以买到较多的基金份额，价格较高时买到的份额就少。当投资者采用此方法后，实际上就把基金单位价格波动对购买份额的影响抵消，在一定时间内分散了以较高价格认购的基金的风险，长此以往就降低了所买基金的单位平均成本。

王小姐是一家企业的秘书，年薪7万元，于2014年1月开始她每月花2000元购买某基金。由于基金净值每个月都起起伏伏，王小姐在净值1.2元时只买入了1666份；在净值0.6元时买入份额最多，达到了3333份。到6月份王小姐累计投入1.2万元，并累计购得1.4万份基金份额。

到了7月份，此基金的净值又再次回到了1元，假如王小姐是在1月一次性投入1.2万元净值买入基金，那么时至7月，在经历了净值上上下下之后，最终不仅没有任何收益，反而损失了不少。

从案例中不难发现，王小姐所采用的正是基金投资中最常用的基金定投法。计算其6个月的投资成本可得1.2万元÷1.4万份=0.857元／份，成本较少，自然在基金净值依旧为1元时可以获得额外的盈利。诚然，以这个价格买入的份数比0.6元／份时买入的份数少了不少。但是，基金是一个适合长期投资的项目，从长远的投资来看，依然实现了以较低成本购买相对来说较多的份额的目的。

通过定投，投资者不仅可以分享经济长期增长和市场长期向上的平均收益，还可以摆脱选择投资行业的困扰。不少投资者认为基金定投是一种风险可控、收益可观的理财方式，不需要太多的专业知识，也不存在很大的投资风险，只要长期持有就有可观的预期收益。事实上，基金定投也是有诀窍的，只有掌握了投资诀窍，才能获得更大的收益。

1. 长期坚持，分散风险

在基金定投时，实现较少单位成本关键还在于要长期投资，以赢补亏，此乃长线投资的优势所在。"不积跬步，无以至千里；不积小流，无以成江海"，做投资亦是如此。指望今天买的股票明天就大涨，就像期望随便买张彩票就能中大奖一样不切实际。奇迹虽然每天都会发生，但小概率事件并不是每个人都能遇上。也正是如此，基金定投因为它在长期收益上的可观赢利吸引了大批投资者。

基金定投是一个长期积累的过程，只有坚定不移进行基金定投，才能有机会享受长期复利带来的神奇效果。据相关资料显示，1983—2003年期间，定投美国股票型基金20年的年平均收益率为10.3%，而从1993年7月至2008年6月，15年定投上证指数的算术平均收益率也达到了8.47%。

基金投资是一个长期投资的工具，投资低于3年是很可能看不到效果的，如果基金投资能坚持10年左右，收益往往非常惊人。

刘先生的首笔投资始于2008年7月25日，定投金额为200元。同时，他将分红方式设置为红利再投，且选择后端收费方式，扣款日期为每月初。据投资记录显示，期初到2009年3月2日，他前7个月的每笔投入均为200元。2009年3月19日开始，他开始加仓，将每个月的投入金额提升至500元，

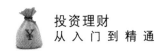
并持续投入了 14 期。2010 年 4 月 1 日起，继续加大定投力度，将每月金额增加到 1000 元。2010 年 10 月 8 日起的 16 个月内，定投该基金的金额再提升至 1500 元。随后，刘先生将月定投金额逐步调低，直至恢复到起初的 200 元。

值得注意的是，2012 年刘先生只有 1 月份有定投记录，直到 2013 年 3 月才恢复，这也意味着有 13 个月处于"断粮"阶段。此间也是深证 100 指数表现最为低迷的阶段之一，刘先生错过了底部吸纳筹码、降低购买成本的好时机。

交易数据显示，刘先生定投融通深证 100 总计 73 期，总投入为 60300 元。他于 2015 年 6 月 2 日选择赎回，赎回当日持有融通深证 100 为 54560.4 份，市值为 102900.91 元，总收益为 42600.91 元，收益率为 70.65%。

基金定投让投资者免受短期波动的困扰，更适合长期投资，享受复利带来的财富奇迹。但是，当市场出现暂时下跌时，基金净值往往也会暂时缩水，许多投资者会因恐惧在下跌时停止定投或者赎回基金。其实，投资者只要坚持基金定投，就有机会在低位买到更多基金份额。长期坚持下来，平均成本自然会降低，从而无惧市场涨跌，最终获得不错的收益。所以选择定投的最好时机反而应该是在市场震荡加剧的时候。

2. 设立止盈和止损线

市场信息瞬息万变，投资者每天都会从市场中获取各种信息，这些信息都会对投资者情绪产生影响。止损线与止盈线的设定是为了避免投资者受自身情绪的影响从而进行不理智的操作，只要投资者为自己设定好了止损线与止盈线并严格执行，就能最大限度地避免情绪化操作。

巴菲特曾经说过：投资成功的秘诀是尽量避免风险，保住本金，因此在投资时设定止损线并严格执行止损动作，这样才能最大限度地保存资金，保留参与下一步游戏的可能性。建议投资者根据自己的风险承受能力设定止损线，针对不同客户类型，建议如下：保守型客户，5%；稳健型客户，7%；积极型客户，10%。

除了设定止损线外，还要设定止盈线。比如，2007 年大牛市的时候，很多投资人其实账面浮盈已经很多，但大家都认为股市还能继续上涨，未及时锁定收益；等到市场下跌时又觉得赚得多的时候都没有卖出，跌的时候卖，那不更亏了？于是一直持有不动，直至亏损，结果就是被深度套牢。这部分客户被套牢的重要原因，一是贪念所致；二是没有有效的措施来克服贪念的影响。于是，止盈线的设置就更显重要了。

3. 选波动大的股票基金定投

基金定投最根本的优势是平摊投资成本，降低风险。但是实现这个优势的前提是，选择的投资品种本身必须是一个高弹性的品种。所以并不是所有类型的基金都适合做定投。

比如，货币基金和债券基金，它们的净值曲线几乎是平着向上的，定投根本无法显著降低投资成本，采取定投和一次性投资效果相差甚微，做定投就没有太大的意义。

而股票型基金、混合型基金波动较大，长期收益相对较高，定投优势突出。指数型基金也是定投较好的选择品种。从经济发展的长期趋势分析，随着时间的推移，大盘指数总是呈波浪式上升的，如果确定长期（如 10 ~ 15年）的投资期，选择指数型基金会更好。

总之，定投股票基金最大的好处，在于分批进场、摊平投资成本，分散可能"买高"的风险；再利用相对高点获利了结，达到"低买高卖"的效果。而想要找高点出场，当然要选择波动幅度较大的股票型基金。

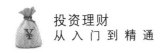
投资基金的"五步曲"

基金由专家进行操作，相当于代替自己在资本市场投资，因此被称为"懒人投资"。基金投资虽然操作简单，但也有一定的步骤和方法。下面简要说明如下：

第一步：设定投资目标

投资理财目的在于获取收益，提高生活质量。把基金投资与人生各阶段的理财目标结合在一起，能帮助我们对投资过程进行有效的规划，也使投资变得更加有意义。

在设定投资目标时，应尽量将目标细划，设置得越详细越好。例如：希望 45 岁能买一幢价值 200 万元的房产，为儿子准备 30 万元的出国留学教育金，退休前积累 300 万元的养老金，等等。然后将目标划分为短期、中期、长期，并按先后顺序进行全面规划。

一般来说，在既定的投资目标下，如果准备时间不长，就必须提高投资金额，如果投资期间拉长，那么投资金额就可以相应地降低。

第二步：诊断财务状况

投资者在投资时，应先保障生活，然后再根据自身财务状况做适当的投资。通过分析家庭现有的资产、收入和负担，可以知道到底有多少"闲钱"可用来买基金，将投资的亏损风险控制在个人和家庭能够承受的范围之内。

在诊断财务状况时，先制作两张简单的家庭财务报表，列出家庭的当前资产、负债、收入等所有与钱有关的资料，这样，财务状况就会清晰明了。例如，小刘就职于外企，目前单身，以下是他的个人财务报表。

年度收支状况   单位：元

收入状况		支出状况	
工资收入	60000	基本生活开销	20000
奖金	5000	住房贷款	15000
投资收益	500	保险	5000
收入总计	65500	支出总计	40000
结余	25500		

资产负债情况   单位：元

家庭资产		家庭负债	
活期存款	10000	房屋贷款	180000
定期存款	10000		
基金	4000		
房产	400000		
资产净值	244000		

从小刘的收支来看，其银行定期存款能够满足3到6个月的生活费支出，在短期若没有重大资金支出计划，可以考虑把部分的活期存款用于基金投资。即使投资出现亏损，也不会影响到正常生活。

第三步：认清风险偏好

风险偏好指的是对风险的好恶，也就是你喜好风险还是厌恶风险。如果你倾向于认为不确定性会给你带来机会的话，那么你属于风险偏爱型；如果你倾向于认为不确定性会给你带来不安，那么你属于风险厌恶型。

投资的成败首先取决于我们对风险的认知程度。只有冷静对待自己的风险偏好，下功夫认识清楚自己的风险承受能力，并据此选择与自身实际相匹配的理财产品，才有利于投资者在有效控制风险的前提下，最终实现其投资

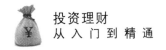

理财目标。

以小刘为例，假定他的远期目标是 30 年内积累 300 万元的养老金，每个月投资相同的金额，如果选择年收益率是 4% 的投资工具，则每个月要投资 4457 元，如果年收益率是 8%，每个月要投资 2206 元，如果年收益率达到 12%，则每个月投资额就下降到 1035 元。具体每个月要投资多少基金，根据小刘的个人风险偏好而定。

风险偏好是个人在投资方面保守或者进取的态度，是主观的分析。一般来说，风险偏好越高，投资目标达成的期限越长，相应投资工具的风险可以越高，预期的收益率也就越高。

投资者如果对自己的风险偏好还不十分了解，可以到银行、基金公司的理财柜台做一下风险偏好的测试，看看自己属于激进型、稳健型还是保守型的投资者。

第四步：选择基金品种

在投资基金时，选择合适的品种很重要。不同种类的基金，其风险收益水平亦不同。例如，目前货币市场基金的年收益率为 2% 左右，你的资产会缓慢而稳定地增长，不用担心景气周期、股市涨跌，但是代价是每个月要省下更多的钱，此外对通货膨胀的抵抗力较差。如果是股票基金，根据海外长期经验，可预期的年平均收益率是 10% 到 15%，收益率虽然高出好多，但有亏损风险。对于稳健型投资者，可以考虑通过组合投资降低风险，如 50% 的股票基金、50% 的债券基金。

结合小刘的投资目标、可投入资金以及自身风险偏好，决定采取股票基金 60%、固定收益工具 40% 的资产分配。这个投资组合的中长期预期年收益率为 6% 至 9%，如果碰到股市不好的年份，估计损失为总资产的 10%，但还在可以承受的范围之内。

总之，选购基金时，一定要先充分估量好自己的投资风险承受水平，然后再选择相应的基金。如果你是极害怕风险并很喜欢固定收益的人，果断投货币基金或债券基金；如果你是想要有高收益却又不想冒太多风险的人，你就比较适合投混合基金；如果你的风险承受能力很高，也愿意冒风险，那就可以选择投资股票基金。

当然，投资者也可以尝试选购不同基金的种类，前期可以做小金额的投资尝试，后期逐渐摸透自己的投资风格和承受能力后，可以渐渐增加投入金额。

第五步：拟订投资步骤

在投资基金的时候，一次不要买入太多，可分批投资，以免在市场不好时大跌。投资者可以考虑将总投资金额分成三或四份，每个月进场一次，用一个月的时间完成投资。这种分散入场的方式，可以减少所有资金全部买在市场高点的风险。如果投资的金额巨大，甚至可以多分几份，用一年的时间逐步完成投资组合。

比如，小刘计划先拿出 6000 元来买 A 基金，分三批买入，第一次单笔买入 2000 元，其余 4000 元先买入同一公司的货币市场基金，一个月后再分两次转换成 A 基金。

在单笔投资的同时，小刘还办理了定期定额投资 A 基金计划，每个月投入 1000 元，以过去 30 年美国标准普尔 500 指数年平均回报率 12% 计算，小刘通过定期定额 30 年积累 300 万元养老金的目标是可以实现的。

如果是以定期定额为主，例如每个月 1000 元或 2000 元投资基金，就自动解决了分批入场的问题，因为定期定额的方式等于是把钱分为几十、上百批入场。定期定额因为分散了投资时点的风险，是相当稳健的一种投资方式。

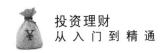
基金投资的常见方法

基金作为投资市场上的一项重要的投资工具，以其稳健、易于打理的特点，逐渐获得了广大投资者的青睐。在此情形下，我国的基金行业迅速发展起来。目前，我国已经有 400 多只证券投资基金。

面对众多的基金品种，很多投资者在选择基金时就产生了这样一个疑问：究竟是投资 IPO（首次公开募股）的新基金好，还是投资已经运作一段时间的老基金好呢？其实，基金的新旧与基金的好坏并无太大的关系，二者各有利弊。

比如，新基金通常认购费率较低，但是缺乏历史参考数据，如果基金公司的基金经理同时也是新人，投资者就无法了解其投资策略，更无法判断其投资能力，这无疑就加大了投资的风险；而对于老基金来说，投资者就有充分的数据可以参考。在购买老基金时，最根本的一点是看历史业绩，通常老基金都是有历史记录的，而这些历史业绩是投资者做出正确选择的重要前提条件。

事实上，无论投资者投资何种基金，掌握基金投资的策略和技巧很重要，常见的投资方法有基金定投法、固定比例法、分散投资法、利息滚入本金再投资法和货币型基金与成长型基金互换法等。由于基金定投法在上一节中讲到，这里不再详述。

1. 固定比例投资法

固定比例投资法要求投资者将其资金按固定比例分别投资于指数基金，

股票型基金，积极配置型基金、债券基金等不同种类的基金。当某种基金由于其净资产变动而使投资比例发生变化时，就迅速卖出或买进该种基金，维持原投资比例不变，有经验的投资者往往在此基础上再设定一个"止盈位"（上涨 20%左右）和"补仓位"（下跌 25%）左右，或者每隔一定期限调整一次投资组合的比例。

固定比例投资法的特点是能使投资者保持低成本的状态，当某类基金价格涨的较高时，就补进价格低的其他基金品种；而当这类基金价格跌的较低时，就补进这类低成本的基金单位。同时，采用这种策略还能使投资者真正拥有已经赚来的钱，不至于因过度奢望价格进一步上涨而使已经到手的收益化为泡影。此外，该方法保持各类基金按比例分配投资金额，能有效抵御投资风险，不至于因某种基金的表现不佳而使投资额大幅亏损。

当市场表现出强烈的上升和下降趋势时，固定比例投资策略的表现将劣于买入并持有策略。它在市场向上运动时放弃了利润，在市场向下运动时增加了风险。但是，如果市场价格处于震荡，波动状态之中时，固定比例投资策略优于买入并持有策略。

2. 分散投资法

即将资金分散投资于不同类型的基金。根据资产组合理论，分散投资可分散风险。从我国基金市场的情况来看，分散投资有三种方式：一是按市场分散，分别投资于上海、深圳证券交易所上市的投资基金；二是按价位分散，分别投资于高、中、低价位的基金；三是按盘子分散，分别投资于大、中、小三种盘子的投资基金。

综上所述，分散投资既可以分散风险，也可以分享收益。

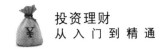

3. 利息滚入本金再投资法

目前，国内的基金一般将利息、现金股息发放给投资者，但在国外，投资者可以将利息、股息滚入本金，换取额外的股份让资产不断地成长。而且这种额外股份的取得，不需要交佣金，因而深受投资者的欢迎。如某投资者以1万元本金投入某投资基金，该基金年成长率为12%（这是一个比较适中的成长率），若该投资者在20年内本利都不动，20年后可得9.646万元；若35年内本利都不动，1万元投资在35年后成为52.8万元，复合成长的好处可见一斑。

4. 货币基金和成长基金互换法

股票价格和市场利率是成反比的，当市场利率上升时，股价下跌；市场利率下降时，股价上升。这样，就可以在货币型基金与成长型基金之间相互转换。当利率上升时，卖掉成长型基金，买入货币型基金；当利率下降时，卖掉货币型基金而买入成长型基金。

目前，在我国采取该方法可以在国债基金和股票基金之间互换，当利率上升时买入国债基金，当利率下降时，将国债基金换成股票基金。

第六章

保险投资，给未来生活一个保障

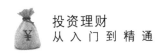
个人保险理财的基本法则

《保险法》第2条明确了保险的定义："本法所称保险，是指投保人根据合同约定，向保险人支付保险费，保险人对于合同约定的可能发生的事故因其发生所造成的财产损失承担赔偿保险金责任，或者当被保险人死亡、伤残、疾病或者达到合同约定的年龄、期限时承担给付保险金责任的商业保险行为。"

"天有不测风云，人有旦夕祸福"。保险就是转移风险、补偿损失的最佳手段。胡适先生评价保险时说："保险的意义，在于今日做明日的准备，生时做死时的准备，父母做儿女的准备，儿女幼小时做儿女长大时的准备。今日预备明日，这是极稳健；生时预备死时，这是真豁达；父母预备儿女，这是真慈爱。能做到这三步的人，才能算作是现代人。"

人生总有一些你想不到的事情，是意外之福还是难测之祸，事前无法预料。有备无患，未雨绸缪，就成为人们应对这些意外事件的主导思想，而这其中，保险扮演了不可替代的核心角色。

在2011年的日本海啸发生以后，日本各大保险公司一致同意，对在日本东北海域地震和海啸中遇难或者失踪的人员，即使未能找到遗体，也将发放死亡保险金。

灾难后，不少人的遗体可能被掩埋在废墟中，或者被海啸卷走。按照以往做法，先由医院出具死亡证明，再由保险公司做出认定后，支付死亡保险金。

然而，考虑到这次灾情特点以及灾民今后生活重建，各大保险公司协商后同意改变做法。只要政府机关出具死亡证明并注销户籍，保险公司将立即向死者亲属或遗产继承人支付保险金。

保险是防范个人和家庭风险的最后一道堤坝，其在现代社会和经济生活中扮演着重要角色，无论是对公司还是个人都意义重大，是现代社会中不可或缺的组成部分，这是由保险强大的功能和作用所决定的。

保险具有三大功能，第一，经济补偿功能：这种补偿既包括对被保险人因自然灾害或者意外事故造成的经济损失的补偿，也包括对被保险人依法应对第三者承担的经济赔偿责任的经济补偿，还包括对商业信用中违约行为造成经济损失的补偿。第二，资金融通的功能：保险可以将形成的保险资金中的闲置部分重新投资于社会。第三，社会管理的功能：保险可以完善社会保障管理体系，加强风险管理，提高事故处理效率、解决纠纷，对信用体系的建立起到促进作用。

目前，市场上的保险投资种类有分红险、万能寿险、投资联结险三类，投资方向不同收益也不同。其中，分红险投资相对保守，风险低，收益相对也低；万能寿险主要投资国债、企业债、大额银行协议存款、证券投资基金等，设有保底收益，存取灵活，收益稳定；投资联结险，投资相对激进，无保底收益，风险大，当然收益也可能大。

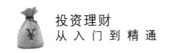
投资者在进行保险理财前，一定要了解自己的风险特点，确定保险的需求，通盘考虑、合理规划、量体裁衣，做到恰到好处，用尽可能小的成本覆盖尽可能多的风险是投保的基本原则。具体来说，买保险要遵循以下原则：

1. 转移风险原则

保险是风险管理的重要手段，保险理财的主要目的就是获得风险保障，维持个人、家庭的经济安全和生活稳定，避免因风险事故的发生而导致经济上的损失。随着保险产品的发展和演化，市场上出现了许多具有投资功能的保险产品。面对具有多种功能的保险产品，消费者应注意始终把获得风险保障放在第一位，根据风险种类和发生的可能性来选择险种。

比如，要根据需要保障的范围来考虑给自己或家人买什么样的人身险；按照寿险每年缴存一定的保费，每年的保费开支必须取决于自己的收入能力，一般是家庭年储蓄或结余的10%至20%较为合适；另外，在有限的经济能力下，为成人投保比为儿女投保更实际，特别是家庭"经济支柱"，都上了一定的年纪，其面对的风险比孩子肯定要高一些。

2. 量力而行原则

保险理财是一种经济行为，既能获得相应的保险利益，也要有成本等方面的必要支出。保险利益是投保人获得的风险保障，成本支出则主要是投保人付出的保费。投保的险种越多，保险金额越高，保险期限越长，所需的保费就越高，因此，投保时一定要切合实际，量力而行。

投保人应根据自身的年龄、职业和收入等实际情况，适当购买人身保险，既要使经济能长时期负担，又能得到应有的保障。注意量力而行，对投保的产品数量、保险金额等做出恰当的安排，既要避免保险不足，也要防止保险过度。

3."混搭"原则

把保险项目进行合理组合，并注意利用各附加险。如购买一至两个主险附加意外伤害、重大疾病保险，可使投保人得到全面保障。但是在全面考虑所有需要投保的项目时，投保人还需要进行综合安排，以避免重复投保，使用于投保的资金得到最有效的运用。许多保险品种除了主险外，还带了各种附加险。如果购买了主险种，有需要的话，也可购买其附加险。

"混搭"有两个好处，其一，避免重复购买多项保险。例如，购买寿险时附加意外伤害险，就不需要再购买单独的意外伤害险了；其二，附加险的保费相对单独保险的保费要低，可节省保险。因此，对保险进行"混搭"，既可得到全面保障，又可有效利用资金。

4.尽早原则

人身保险的费率与年龄成正比，随着年龄的增加，保费的上涨幅度也随之递增。以平安保险的精心优选定期寿险为例，从18岁到29岁时，每增长一岁，保费相差250元，过了29岁，保费的差额则从300元向上递增，到33岁时，间隔为400元，而过了40岁，差额则近千元，看得出，过了29岁，保费明显呈急剧增长的态势。因此，买保险越早，保费越低，而随着岁数增长，不仅保障晚、费用高，还可能被保险公司拒保。

一般情况下，27岁以上、职业相对稳定的年轻人，可以开始考虑自己的养老计划。这时保费相对不高，又不会给个人经济造成过重压力。只要具备了条件，趁早为自己备一份充足的养老保险，不失为明智之举。

5.中途不退保原则

保险购买后就不要随便退保，在保险合同未到期的情况下，若中途"退保"，保险公司是按保单"现金价值"退还保费。

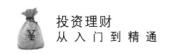
2011 年底，一个从事保险销售的亲戚向老李推销保险，老李遂从她那里为自己购买了一份。可天不遂人愿，在连续缴纳两年共 6 万多元的保险费后，老李妻子患病急需用钱，于是他想到了那笔已缴纳的保险费，便找到那位亲戚帮忙退保。

"退是可以退，但按照保险合同约定，你这属于中途退保，会损失一笔钱。"老李听到亲戚的回复后，也挺心疼那笔损失的钱，但治病急等用钱，便决定哪怕损失一部分也要退。拿着退到手的 2 万多元，老李越想越后悔："这也太少了。"

老李中途退保，缴纳的 6 万元，只退了 2 万多元，由此可见，中途退保损失太大。投资者如果实在急需用钱，投保人可以以书面形式向保险公司申请贷款，或者变更为差额缴清保费。

保险也要买得"保险"

生活中，许多人对保险理财持反感的态度，原因之一就是"投保容易理赔难"，这种事实上的理赔不及时不仅影响了保险消费者的利益，也在一定程度上使保险公司信誉受到损害。

2010 年 7 月 25 日，赵海和妻子在广州市人寿保险公司参加了"终身寿险投保"，并交付了第一期保险费，赵海投保 50 万元，妻子投保 100 万元。

8 月 6 日，赵海和妻子到杭州萧山旅游，中途遇到大雨，下午 5 点左右，不幸的事情发生了，赵海夫妇所坐的车与一辆大车相撞，几天后，夫妻俩因抢救无效留下老母亲和三岁的儿子撒手而去。

8 月 15 日，赵海的母亲凭着赵海遗留的两张保险费收据，向保险公司报案并要求全额赔付 150 万元。保险公司却以投保人未体检、保险合同尚未成立为由拒绝赔付，但鉴于本案的特殊性，决定按两投保人不需体检的最高保额给予补偿。

赵海母亲对此表示不满，她认为从投保单交纳保险费之日起至投保人死亡为止，已经超过了 5 天，投保单上的核保栏迄今仍是空白的，未署名拒保或缓保，根据保险公司的惯例，这说明保险公司已经默许了承保，所以理应全额赔付。

最后，双方各执一词，争执不下，赵海的母亲只好起诉至法院。

本案例之所以发生争执，是由只交了保费，而没有签订正式的保险合同而引发的。所以，投保人在交付保费之后，未签订正式合同之前，最好是先和保险人签订一份暂保书，即意味着在正式签订合同之前的日期内，如果发生保险事故，那么保险人承担保险责任。

投保人出险后，需要根据实际出险情况及其所造成的后果，依据保险合同，向保险公司提出赔偿的要求和理由，以分担出现的风险。对于理赔，投保人应掌握以下内容：

1. 理赔基本要素

（1）理赔种类：理赔分为赔偿和给付两种。赔偿主要是针对财产保险的，而由于人身保险是以人的生命或身体作为保险标的的，生命和身体是无法用金钱衡量的，故在出险时，保险公司只能在保单约定的额度内对收益人或被保险人给付保险金。

（2）理赔程序：理赔时有立案检验、审查单证、审核责任、核算损失、

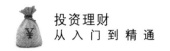
损余处理、保险公司支付赔款以及保险公司行使代位求偿权利等程序。

（3）理赔时效：保险索赔必须在索赔时效内提出，超过时效，被保险人或受益人不向保险公司提出索赔，不提供必要单证和不领取保险金，视为放弃权利。险种不同，时效也不相同，人寿保险的索赔时效一般为5年，其他保险的索赔时效一般为2年。索赔时效应该从被保险人或受益人知道事故发生之日算起，事故发生后，投保人、被保险人、受益人应当先止险报案，然后提出索赔请求。

（4）理赔原则：重合同，守信用；坚持实事求是；主动，迅速，准确，合理。

（5）理赔申请：索赔时应提供的材料主要包括保险单或保险凭证的正本、已缴纳保险费的凭证、有关能证明保险标的或当事人身份的原始文本、索赔清单、出险检验证明、其他根据保险合同规定应当提供的文件。

（6）纠纷处理。保险合同在履行过程中，双方当事人因保险责任归属、赔偿金额的多少发生争议，应采用适当方式，公平合理地处理。按照惯例，对保险业务中发生的争议，可采用协商和解、仲裁和司法诉讼三种方式来处理。

协商和解一般有自行和解和第三者主持和解两种方法。仲裁是由合同双方当事人在争议发生之前或之后达成书面协议，愿意把他们之间的争议交给双方都同意的第三者进行裁决，仲裁员以裁判者的身份而不是以调解员的身份对双方争议作出裁决。

2. 如何应对理赔难

事实上，保险公司在进行理赔事宜时，以下四点成为纠纷的主要热点问题：隐瞒病史、退保缩水、无效签名及定损分歧。

（1）隐瞒病史。病史纠纷在保险理赔纠纷中较为常见。隐瞒病史主要在两种情况下发生：一是代理人误导；二是被保险人主观隐瞒。保险公司指出，对于第一种情况，保险公司一般要承担全部责任。不过，在如何界定代理人"误导"上，一直存在举证困难。而对于第二种情况，保险公司则可明确拒赔。不是所有患病的人都不能投保，消费者如实告知病史后，可以以亚健康体的标准投保，保险公司一般会酌情提高保费或者降低保额，或详细注明哪些情况发生后不属于保险公司赔付的范围。买保险一定要反复看好免责条款，并且不能听保险人一面之词。

（2）退保缩水。买保险容易，如果没有到期要退保，则可能要遭受巨大损失。保险不像储蓄，存钱进银行后可以本息兼收。要了解退保到底能拿回多少钱并不难，每份保险合同中都会附带一份现金价值表，对照这份表格可以清楚自己退保时能拿回多少钱。总的来说，投保人已经缴纳的保费－保险公司的管理费用开支在该保单上的分摊金额－保险公司因为该保单向推销人员支付的佣金－保险公司已承担该保单保险责任所需要的纯保费－剩余保费所产生利息＝现金价值。买保险之前一定要仔细考虑是否买，自己是否可以承受，以免日后损失。

（3）无效签名。按照《保险法》规定，以死亡为给付保险金条件的保险合同，未经被保险人书面同意并认可保险金额的，合同无效。保险公司称，保单代签名之所以不被承认，很重要的原因是为了防范道德风险。不要自作聪明，买这样的保险一定要被保险人签字。

（4）定损分歧。定损主要发生在车险里。保险公司在理赔定损时与事主发生纠纷的现象并不少见。主要原因是保险公司既当"运动员"又当"裁判员"的做法让人无法信任。一旦当事双方各执一词，可以尝试通过调解委员

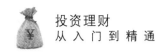

会重新勘查定损。此外，当事人也可向保险评估公司求助。

3. 投保人要获得合法的支持，准确、快速索赔，要做到以下几点

（1）及时向保险公司报案。报案是保险索赔的第一个环节。一般情况下，投保人应在保险事故发生10日内通知保险公司，由于各个险种的理赔时效不尽相同，所以一定要根据保险合同的规定及时报案，将保险事故发生的性质、原因和程度报告给保险公司。报案的方式有电话报案、上门报案、传真式委托报案等。

（2）符合责任范围。报案之后，保险公司或业务员会告知客户发生的事故是否在保险责任范围之内。客户也可以通过阅读保险条款、向代理人咨询或拨打保险公司的热线电话进行确认。保险公司只是对被保险人确实因责任范围的风险引起的损失进行赔偿，对于保险条款中的除外责任，如自杀、犯罪、投保人和被保险人的故意行为，保险公司并不提供保障。

（3）提供索赔资料。索赔资料是保险公司理赔的依据，大抵有以下三类：一是事故类证明，如意外事故证明、伤残证明、死亡证明、销户证明；二是医疗类证明，包括诊断证明、手术证明及处方、病理备注检验报告、医疗费用收据及清单等；三是受益人身份证明及被保险人关系证明。

有了社保是否还需要商业保险

我国法律规定，企业必须为员工购买社保。社保是社会保险的简称，是政府主导的以政府财政资金为担保的社会保险，是指国家为了预防和分担年老、失业、疾病以及死亡等社会风险，实现社会安全，而强制社会多数成员参加的，具有所得重分配功能的非营利性的社会安全制度。

在我国，社保指的是五险，即养老保险、失业保险、工伤保险、生育保险、医疗保险等。

养老保险，又称社会基本养老保险，是国家和社会根据一定的法律和法规，为解决劳动者在达到国家规定的解除劳动义务的劳动年龄界限，或因年老丧失劳动能力退出劳动岗位后的基本生活而建立的一种社会保险制度。养老保险的目的是保障老年人的基本生活需求，为其提供稳定可靠的生活来源。

失业保险是指国家通过立法强制实行的，由社会集中建立基金，对因失业而暂时中断生活来源的劳动者提供物质帮助进而保障失业人员失业期间的基本生活，促进其再就业的制度。

工伤保险，是指劳动者在工作中或在规定的特殊情况下，遭受意外伤害或患职业病导致暂时或永久丧失劳动能力以及死亡时，劳动者或其遗属从国家和社会获得物质帮助的一种社会保险制度。

生育保险，是指国家通过立法，在怀孕和分娩的妇女劳动者暂时中断劳动时，由国家和社会提供医疗服务、生育津贴和产假的一种社会保险制度，国家或社会对生育的职工给予必要的经济补偿和医疗保健的社会保险制度。我国生育保险待遇主要包括两项，一是生育津贴，二是生育医疗待遇。

医疗保险，指通过国家立法，按照强制性社会保险原则基本医疗保险费应由用人单位和职工个人按时足额缴纳。不按时足额缴纳的，不计个人账户，基本医疗保险统筹基金不予支付其医疗费用。

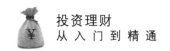
随着社保体系的不断改革与完善，已经有越来越多的人享受到社保的好处。当然，由于社保的存在，很多人认为没有必要再买商业保险。其实，商业保险与各类国家强制的社会保险功能是不一样的，商业保险可以作为国家社保的一种补充保障，两者之间不存在互相替代的作用。

商业保险的保障范围由投保人、被保险人与保险公司协商确定，不同的保险合同项下，不同的险种，被保险人所受的保障范围和水平是不同的，而社会保险的保障范围一般由国家事先规定，风险保障范围比较窄，保障的水平也比较低。这是由它的社会保障性质所决定的。

通过二者之间的比较可以发现，社保通常是保障一个人的最低生活水平和医疗保障要求，而不同种类的商业保险可以保证一个人在遭遇不同的困境时，都可以得到相应的、额度较高的赔偿。比如，商业的重大疾病保险，就可以弥补基本社保中大病医疗保障方面对于用药、额度等保障力度的不足。

41岁的张先生是某中小企业的中层管理人员，单位为他购买了社保。2008年，张先生又自行购买了商业保险，金额30万元。2009年3月，张先生因心肌梗塞在医院住院治疗。社保赔付了张先生医疗的大部分费用，保险公司则一次性给付其30万元重大疾病保险金。

自患病后，张先生失去了劳动能力，而妻子又是家庭主妇，由此导致家庭经济状况急转直下，由于孩子在读初中，需要供养，张先生本人还需要一些药费和营养费，仅靠社保是无法维持的。幸亏张先生自行购买了保障健康的商业保险，此时的30万元保险理赔款对张先生一家而言真可谓雪中送炭。

在上述案例中，假如张先生没有购买商业保险，那么他在失去劳动能力后，生活将会陷入困境。由此可见，社保就像金字塔的最底层，是保险的基础，而意外险等商业保险则可以确保体系搭得更为牢固。因此，对于已经购买社保的人来说，商业保险是一种有效的补充。

社保中的医疗保险是我们最常用的保险，而商业保险涉及住院医疗保险、定期寿险、重大疾病保险、意外伤害险、意外医疗保险等，两者存在诸多不同：

第一，社保的疾病医疗费只能报销一部分，而且一些进口药、好药、贵药，都不在报销范围之内。商业保险则不同，如重大疾病保险，确诊为合同规定的重大疾病就会给付保险金额，一般而言，补偿金额加上社保的补偿就能超过所花的费用。

第二，社保医疗对普通意外造成身故不予报销；而商业保险则会根据合同予以赔付。

第三，社保医疗对于重大疾病，是出院后才能凭发票报销；商业保险，只要医院确诊，凭医院的诊断证明，就能按照合同约定金额获得赔付。

第四，社保对于意外身故只给付社保中个人账户里的钱、丧葬费及抚恤金，别的补偿就没有了；而商业保险则根据保额进行赔偿。

除上述不同外，在养老方面，社保是按当时的生活水平与缴费年限给付的，要想领养老金必须交够 15 年保费；商业保险则是交多少保多少，身故有保障。

因此，对于每个人来说，单有社保是远远不够的，必须还得有商业保险作为补充。一个成年人除社保外至少还要有 20 万元的意外伤害保险、20 万元的定期寿险以及 20 万元的重大疾病保险，可以说商业保险是社保有效和必要的补充。

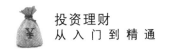

组建自己的保险"金三角"

保险对一个家庭来说是极其重要的，但是很多人都会把保险当成收益性金融产品，在购买保险之前，都喜欢算算是否划算。如果自己没有出现意外，没得到理赔，就认为自己赔了，买保险就不划算了。

事实上，从保险生效的那一刻开始到保险责任终止，这期间，作为被保险人一直在使用着保险，只是因为保险是一种无形商品，被保险人没有感受到。产生这样误区的根本原因，是人们还没有真正树立正确的风险观念，或者说对风险的认识还不够。

2010年11月15日下午，上海市中心静安区胶州路一幢正在进行外部修缮的28层教师公寓燃起大火，烟雾、气味弥漫周边数百米。大火持续约4小时，晚间6时30分大火终于被扑灭。这次火灾导致了58人遇难，70人受伤。

在"11·15"特大火灾中，共有15家寿险及养老险公司确认有17名被保险人身故（其中1名客户在两家保险公司同时投保），保额合计319.6万元，受伤客户31人，失踪客户6人。上海保险业累计赔付831.52万元。其中，寿险及养老险公司赔付251.81万元。

这场大火不仅为建筑安全敲响了警钟，也为人身安全和住宅保障拉响了警报，同时更引起了各界对城市生活危险防范以及公民保障意识的热烈讨论。

此次火灾造成上亿元的财产损失和人身伤亡情况，不足千万元的保险赔付款显得格外无力。更让人痛心的是，在"11·15"事件中，有一些受伤客户就因为没有购买意外医疗等最基础的保障类产品而无法获得赔付，这就好比所购买的保障安全网出现漏洞，无法给予最全面的保障。

总体投保率不高、投保额低是普遍存在的问题。火灾后，保险一下子成为社会舆论的焦点，但很多人的疑问是：保险品种那么多，到底该如何选择，怎样用有限的预算买到最值得投资的保险保障呢？保险种类虽然很多，但要想选择适合自己的也的确不易。其实，在选择保险时，"买什么"比"买多少"更重要，选对保险最关键。

吴先生是一位经营建筑材料生意的私企老板，两年前在一个朋友的介绍下，投保了某保险公司保额30万元的两全保险，不仅有30万元的身故保障，而且在60岁后还可以按年度领年金，作为养老金。有了30万元的寿险保障，吴先生对后来有意给他安排保险规划的保险营销员都拒之门外，在他眼里，30万元的额度已经足够了。

不幸的事发生了，不久前，吴先生在一次外出洽谈生意的途中，意外遭遇车祸，虽然捡回了一条命，但由于腰椎严重受损，致使下半身瘫痪。但当吴先生向保险公司理赔时，却被告知，他当初投保的30万元寿险，只保身故，并不保残疾，因此，不能获得保险赔偿，吴先生懊恼不已。

保险为何在关键时候却"失灵"了呢？是吴先生"买错了保险"吗？显然不是。只是吴先生在进行保险规划时，忽略了"全面保障"的概念，致使自己的保险计划存在"漏洞"：30万元的寿险只防范了身故保障，却对意外残疾、医疗以及重大疾病等人身风险"无能为力"。

那么，如何选择合适保险品种呢？有保险专家指出，从有效抵御人生风险、构筑全面保障的角度看，意外险、健康险、寿险是全面保险的"金三角"。

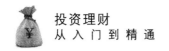

1. 意外险

很多人抱有侥幸心理，觉得"意外"发生的概率很小，所以没有必要购买意外险。其实，报纸、新闻上经常会报道一些"意外"的案件，只不过发生在别人身上的是故事，而一旦发生在自己身上则是悲剧。

意外险能帮助抵御人生中不可预知的意外伤害的风险。尽管意外险没有理财功能，在不出险的情况下，不能获得返还与收益，但与其高达数十万元的赔付金额相比，每年几百元的投入就显得微不足道了。

购买意外险有两大好处，一是能够给投保人充足的保障，二是能换得投保者的一份安心。这两大好处就足以说明意外险的作用是非常强大的。因为，人生充满变数，每个人根本就不能够预测到，哪一天我们将会发生什么样的意外，这是谁都不愿意碰上的，但也是无法避免的。

常见的意外险的组合包括意外险与意外医疗险、意外住院补贴、伤残年金的组合，还有意外险与多倍给付的组合。例如，一般意外险＋特定公共交通险双倍给付＋航空意外险三倍给付＋节假日意外险双倍给付，等等。此外，保险公司也推出了意外险与家财险的组合产品。对于具体选择哪一种意外险产品，还需要根据消费者自身的情况。如果一年中经常出差办公，不妨选择多种交通工具赔付组合的意外险。

2. 健康险

近年来，随着人们生活水平的提高，健康成为百姓关注的热点。与此同时，健康保险也逐渐成为百姓购买保险的首选。健康险可以减小因大病小病而造成的财务风险，病魔是不讲情面的，它随时可能侵袭，让人防不胜防。一旦有了病，特别是一些大病，巨额的医疗费往往会使家庭面临巨大的财务负担。此时，商业健康保险的作用就凸显出来。

商业健康保险是基本医疗保险的重要补充，是以被保险人的身体为保险标的，保证被保险人在疾病或意外事故所致伤害时的直接费用或间接损失获得补偿的保险，包括疾病保险、医疗保险、收入保障保险和长期看护保险。

多数商业健康险产品在被保险人确诊为重疾时，马上给付一笔医疗金，便于及时治疗。并且部分商业健康险产品还包含保费豁免条款，即被保险人一旦发生合同约定事故便无须缴纳后续保费，但保障继续有效。除此之外，商业健康保险能够补偿医病期间的额外支出，如疾病后非医疗支出、个人收入损失、家人看护支出和护理费用等。也就是说，商业健康保险能有效补充社保不能报销的绝大部分。

3. 寿险

人寿保险具有多方面的作用，第一，可以满足大额的善终费用需要；第二，确保家属抚恤费用。家属抚恤费用包括子女独立前所需的生活费用、配偶所需的生活费用、对家庭老人的赡养费用等。一旦家庭主要收入者死亡，家属可能在其死后相当长的一段时间内面临财务困难。比如，家庭日常开支继续，住房抵押贷款等。第三，人寿保险可以确保子女教育所需要的费用，比如，购买低消费率、高保障的定期寿险，死亡保险金可以满足教育费用的需要；也可以考虑购买分红终身寿险，终身寿险的死亡保险金可以用来支付教育费用；此外，定期派发的保单红利和终身寿险的现金价值都可以满足教育费用的需要。第四，寿险保单的现金价值或账户价值具有储蓄和投资的功能。终身寿险的累积储蓄价值经过一段时期后，可以增长到相当可观的金额，而且在累积过程中不影响寿险保障功能。尽管终身寿险的累积储蓄利率可能低于其他投资工具的收益率，但人寿保险作为投资工具仍然具有一定的优越性。

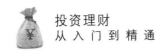
总之，寿险不仅能够提供生命保障、防范因疾病或意外身故或者全残时家庭财务发生的危机，还可以安全稳健地实现子女教育金的规划。只有真正做到三者兼顾的保险规划，才算得上是一份真正全面的保障。

另外，购买保险时买全足够的保额相当重要，并且随着个人或家庭经济状况的变化以及人生阶段的不同需求，要经常对自己购买的保险产品和保额进行检视，在适当的时候增加保障的范围和额度，这样保险才能真正起到雪中送炭的作用。

购买"万能险"有哪些技巧

2015 年末的"万宝之争"将"万能险"推上风口浪尖，随着近来股市巨震、银行理财产品收益不断下滑，不少投资人士纷纷将目光投向了万能险。统计数据显示，2015 年前 11 个月万能险收入几乎翻番，增幅十分可观。

所谓万能险，是指除了同传统寿险一样给予保护生命保障外，还可以让客户直接参与由保险公司为投保人建立的投资账户内资金的投资活动，将保单的价值与保险公司独立运作的投保人投资账户资金的业绩联系起来的一种投资型保险。

按照规定，通常万能险需要扣除初始费用、风险保险费、保单管理费、贷款账户管理费、附加险保险费，部分公司还要收取部分领取手续费等。一般来说初始费用为 50%，风险保险费及保单管理费则每月收取。保障额度和投资额度的设置主动权在投保人手中，可根据不同时期的需求进行调节，投资账户的资金由保险公司代为投资，投资利益上不封顶，下设最低保障利率。

有专家指出，近年万能险的快速发展与保险公司的投资渠道增加有密切关系，外资保险公司的投资渠道比较稳健，尤其是保险国十条推出后，保险行业在投资渠道方面获得了政策支持，因此，万能险的前景良好。当然，这并不意味着投资万能险就一定能赚到钱，这也与个人的投资技巧息息相关。选购万能险须掌握以下"四大技巧"。

1. 运用加息政策提高结算利率

加息对资本市场可能不是那么利好，但是却有助于提高万能险的结算利率。根据历年可查数据显示，自万能险引进国内后，央行的每一次加息，都是万能险结算利率关键的分水岭。

2010年10月20日，央行出其不意地上调金融机构人民币存贷款基准利率，将金融机构一年期存款基准利率上调0.25个百分点，由原来的2.25%提高到2.50%。与此同时，作为万能险结算利率最主要参考指标的5年期定期存款利率，已经从此前的3.60%提高60个基点至4.20%。根据以往加息的情况来看，万能险结算利率还将会提高。

而与加息前比较，2010年上半年，由于资本市场的持续低迷，使得保险公司难以维系万能险相对较高的结算利率。自2010年2月份以来，平安个人万能险结算利率开始逐月下调，2月份从4.5%下调至4.375%，3月份为4.25%，4月份为4.125%，5—7月份为4%，8月份为3.875%，9月份为3.75%，10月份也为3.75%。但随着10月底央行加息，平安个人万能险结算利率在11月终于迎来2010年内首次上调。从平安保险公布的数据看，平安个人万能保险11月结算利率为3.875%，较10月份上涨0.125%，是连续9

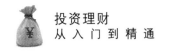
个月下调后的首次上调。

与此同时，其他保险公司的万能险的结算利率在 11 月也大多有所上调。其中，泰康人寿万能险结算利率从 10 月的 3.875% 上调到 4%。而调查显示，46 家寿险公司 256 个万能账户的收益表，万能险结算利率在 4% 的占到大部分，这意味着，万能险结算利率有希望重新进入到"4"时代。

在所有投资型保险产品中，受益加息最明显的产品要算是万能险了。比如，2006 年，央行分别在 4 月和 8 月进行了两次加息，当年 4 月加息之后，各家保险公司万能险账户提升 20 个结算利率基点；随后 8 月份的加息，令平安人寿结算利率从此越过 3.35% 的防线。

2007 年，央行连续进行了 6 次加息，当时虽不是万能险结算利率的最高峰，但却是万能险结算利率在加息通道中上升最快的一年，也就是在这一年，万能险结算利率正式迈入"4"时代。

到 2008 年夏季央行上一波最后一轮加息前后，万能险的市场占比和结算利率均达到最高点，当时万能险在整个寿险行业占比最高一度达到 20%，平均结算利率达到惊人的 5.5%。

因此，不难看出，万能险投资收益率与利率关联度极大，特别是长期存款利率。为何加息有助于万能险结算利率的上调？这是因为加息将推高债券市场利率，而万能险主要投资债券、银行间市场，所以加息也有助于万能险的收益。

2. 选择低费率万能险

与银行存款不同，万能险在享受较高的结算利率之前，你首先得支付一笔初始费用，而在一定年限内退保取出时，亦需要支付一笔退保费用。这两笔费用无疑会降低万能险的收益，因此费率越低越好。显然，首年初始费率动辄 40% 甚至 50% 的年缴型万能险绝对要敬而远之。

3. 做好中长期投资准备

根据规定，万能险在投保前 5 年中存在退保费用，因此，根据此项规定，投资者决不可将万能险视作高流动性的存款替代品。若投保人希望通过持有万能险来对抗 CPI 的上涨，那么至少要做好持有 5 年以上的准备，如此才可以避免退保费用对收益的影响，与此同时支付的初始费用摊薄在每年上的比例也可以更低，进一步降低对收益的侵蚀。

4. 最好买点附加险

万能险绝不仅仅只有投资一个功能。许多万能险均允许投保人以极低的年缴费用投保自然保费型的定期寿险和重大疾病险，对投保人而言也许每年不过三五百元就可以获得 50 万元的寿险保障，比起直接购买均衡保费的定期寿险或者终身寿险，可以大大缓解年轻时的保费压力，相对较为划算。

保单利益如何实现"无缝对接"

生活中，车险续保延迟、二手车转让买卖手续办理不及时等现象时有发生。对于这种现象，有些人并不重视，觉得没有太大的影响，事实上，这种延迟行为有可能会影响到保险的"无缝对接"，从而致使自己的利益受损失。下面幸先生的案例就是一个很好的证明。

截止到 2010 年 5 月 31 日 24 时，幸先生的私家车保险结束。在此之前，已经有好几个车险业务员打电话催他办理续保的事，但并没有引起他的重

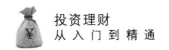
视。幸先生打算忙完手头工作亲自去营业点办理车险。

由于工作繁忙，幸先生需要去外地出差一段时间，直至6月1日，他才到保险公司续保。没想到当天下午，幸先生的车就在行驶途中与一辆公交车相撞了，所幸只是擦碰的小事故，无人员伤亡问题。

当时，幸先生致电保险公司报案，结果保险公司人员告诉他，幸先生并未投保。几经周折，才发现，幸先生在6月1日上午购买的那份保单，上面标注的保险生效起始日期为2010年6月2日零时。虽然他的上一年保单已经在5月31日24时效力终止了，但因为他续保的时间延迟，6月1日这一整天，他的车子其实处于"脱保"的"空窗期"状态，出了事故保险公司自然是不赔偿的。

幸先生的例子说明，车险过期而没有进行车险续保，会导致车辆处于脱险状态，安全性无法得到保障，所以及时进行车险续保，实现保险无缝对接非常重要。

每个车主都应该有这样一种常识：作为一种投保行为，无论是首次投保，还是续期投保，新保单的车险保障到底是从哪一刻开始，其实是由投保人发出要约邀请，然后由保险公司方面接受要约，最后保险合同才成立。当然，在约定车险续保保单生效日期的过程中，保险公司工作人员通常会建议说，新保单的生效日期最好接着上一份保单的效力结束日期，以便"无缝对接"。

目前，我国车险市场实行的是"见费出单"办法，如果没有特别约定，一般保单生效日期都是缴费投保后的"次日零时"。如果车主是在下午4时后办理购买车险的话，由于系统方面的原因，车险最快也要在两个工作日后生效，生效的具体时间仍然是"零点"。

当然，如果是投保人直接指定起讫日期，就可按照约定日期开始生效。因此，车险续保想要保证能够"无缝对接"，投保人最好提前几天投保下一期保险。如果等到上一期保单结束再去投保，就不能确保万无一失了。

此外，投保者还需注意，根据2009年10月1日开始实行的新《保险法》第一章第49条规定："保险标的转让的，保险标的的受让人承继被保险人的权利和义务。保险标的转让的，被保险人或者受让人应当及时通知保险人，但货物运输保险合同和另有约定的合同除外。"

也就是说，根据新《保险法》规定，二手车过户转让后，受让人或者原车主，只要及时履行通知义务（包括电话或上门通知保险公司等方式），受让人就可以承继车辆原有保单的权利义务，原保险合同仍然有效，可直接实现"无缝对接"，而不必再像以前那样再为了保险批单而去辛苦奔波。

近年来，各家保险机构推出的异地理赔、保单"迁移"等服务，也能帮助投保人逐步实现在全国范围内的保单利益"无缝对接"。

第七章

外汇投资，用钱赚钱的理财新渠道

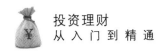
常见炒外汇的基本常识

外汇，就是外国货币或以外国货币表示的能用于国际结算的支付手段。我国 1996 年颁布的《外汇管理条例》第三条规定：外汇是指：

一、外国货币：包括纸币、铸币；

二、外币支付凭证：包括票据、银行的付款凭证、邮政储蓄凭证等；

三、外币有价证券：包括政府债券、公司债券、股票等；

四、特别提款权、欧洲货币单位；

五、其他外币计值的资产。

外汇是伴随着国际贸易产生的，外汇交易是国际结算债权债务关系的工具，而且随着国济贸易的逐渐发展，外汇交易不仅在数量上成倍增长，而且在实质上也发生了重大变化。其不仅是国际贸易的一种工具，而且已经成为国际上最重要的金融商品。

1. 汇率

汇率是指一国货币兑换他国货币单位的比率，或者说是两国货币间的比价。因为各国之间的货币需要经济的相互兑换，所以就形成了货币兑换的数量和价格。在外汇市场上，汇率是以五位数字来显示的，比如欧元 EUR 0.9705，日元 JPY 119.95。按国际惯例，通常用三个英文字母来表示货币的名称，"EUR"和"JPY"即为欧元和日元的英文代码。

要进行外汇交易，必须要理解和掌握外汇的汇率标价方法。汇率有两种标价方法：

（1）直接标价法，即以本国货币来表示一定单位的外国货币的汇率表示方法。如1美元等于6.7元人民币，对于美国来讲，就是直接标价。

（2）间接标价法，即以外国货币来表示一定单位的本国货币的汇率表示方法。如0.62英镑等于1美元对于美国来讲，就是间接标价。

2. 买入价和卖出价

银行买入价是指银行买入基准货币的报价。银行卖出价是指银行卖出基准货币的报价。从银行的角度出发，买入外汇后，要加上万分之五的手续费，再卖出去，就出现了买入价与卖出价的区别。买入价与卖出价的差价代表银行承担风险的报酬。

不过，需要指出的是，外汇的定价不是由银行来定的，而是由世界外汇市场来定价的。由于外汇价格参照的因素很多，特别像美国是否加息，美国的 CPI 是否下降等重大宏观经济因素会影响汇市的波动。像中国加息就推进了人民币的升值，美元相对贬值。而银行参照外汇市场的价格，来定它的买入价，当它卖出外汇时一般要征收一定的手续费作为营业收入，所以在买入价的基础上加上一定的成本。因此，买入价和卖出价之间有差异。

3. 固定汇率和浮动汇率

在分析一国货币汇率波动之前，一个很重要的基础是认识该国的汇率制

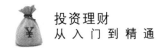

度。不同的汇率制度决定的影响货币汇率波动的主要因素是不同的。比如，对于盯住汇率的货币，它受本国的国际收支、利率变动影响就比较小，而受所盯住国家的经济波动影响就非常大。自主浮动利率的货币汇率波动的主要影响因素是该国自身的经济状况与其他国家的对比，而不是主要受其他国家的经济状况影响。

（1）固定汇率，是指一国货币同另一国货币的兑换比率基本固定的汇率。在 19 世纪初到 20 世纪 30 年代的金本位制时期、第二次世界大战后到 70 年代初以美元为中心的国际货币体系，都实行固定汇率制。固定汇率并非汇率完全固定不动，而是围绕一个相对固定的平价的上下限范围波动。

由于固定汇率是由政府规定的汇率，政府有义务维持汇率的波动幅度，不能超过 1%。在固定汇率下，货币价值上升成为升值；货币价值下降称为贬值。这是指固定汇率下法定汇率的变化。如果法定汇率规定的货币价值高于货币的实际价值，称为货币高估；法定价值低于货币价值，称为货币低估。

（2）浮动汇率是由外汇市场的供求关系决定的汇率。1971 年 8 月 15 日，美国实行新经济政策，任由美元汇率自由浮动，到 1973 年，各国普遍实行浮动汇率制度。也正是从那时开始，外汇市场随着各种汇率的不停地浮动而不断发展。

浮动汇率按政府是否干预，分为"自由浮动汇率"和"管理浮动汇率"两种。在现实生活中，政府对本国货币的汇率不采取任何干预措施，完全采取自由浮动汇率的国家几乎没有。由于汇率对国家的国际收支和经济的均衡有重大影响，各国政府大多通过调整利率、在外汇市场上买卖外汇以及控制资本移动等形式来控制汇率的走向。

4. 汇率制度的种类

一般按照灵活程度把汇率制度分为三类：

（1）盯住汇率：盯住某种货币或货币篮子不变，当国际收支出现根本性的不平衡时，允许小幅度波动，但是波动幅度在 2.25% 之内；

（2）有限灵活汇率：要求一国汇率相对于某种货币平均每月浮动幅度保持在 0.5% 以下。

（3）更为灵活的汇率：不受幅度限制，实行独立自主调节原则。

个人如何投资外汇

随着人们生活方式、理财方式的多样化，对外汇的认识以及投资需求的关注也越来越多。外汇投资市场有着资金流动性高、交易方式多样、交易起点金额低、操作灵活、T+0 交易等特点。与其他金融市场相比，外汇市场没有具体地点，也没有中央交易所，而是通过银行、企业和个人间的电子网进行交易。由于缺少具体的交易所，因此外汇市场能够 24 小时运作。在交易过程中的讨价及还价，则经由各大信息公司传递出来，各投资者实时得知外汇交易的行情。那么，个人如何投资外汇呢？

1. 个人炒外汇如何开户

目前，老百姓的外汇资产绝大部分存在银行里，经过多次外币存款利率的下调，现在通过储蓄来实现外汇资产的保值增值越来越困难了。于是很多投资者都把目光投向了外汇。那么，个人炒外汇该如何开户呢？

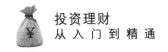
目前，各大城市的中行、工行、交行、建行均已开办外汇开户业务。凡持有有效身份证件，拥有完全民事行为能力的境内居民或个人，均可进行个人实盘炒外汇。

(1) 个人可以持本人身份证和现钞去银行开户，也可以将已有的现汇账户存款转至开办个人炒外汇业务的银行。

(2) 如果采用柜台交易，只需将个人身份证件以及外汇现金、存折或存单交柜面服务人员办理即可。中国银行、交通银行没有开户起点金额的限制，工商银行、建设银行开户起点金额为 50 美元。如进行现钞交易不开户也可。

(3) 如果采用电话交易，需带上本人身份证件，到银行网点办理电话交易或自主交易的开户手续。交通银行的开户起点金额为 300 美元等值外币，工商银行的开户起点金额为 100 美元等值外币。

一般情况下，外汇开户不需要缴纳手续费。要特别提醒投资者的是，各个银行的服务都在不断地改进中，很多银行还对大额交易有优惠，开户时可向银行详细咨询。

2. 如何进行交易

个人外汇买卖方式有柜台交易和电话交易两种。交易方式不同，办理程序亦不同。

(1) 柜台交易：客户可以到柜台办理外汇交易，具体过程为：第一，客户在柜台领取个人外汇买卖申请书或委托书，按表中要求填写完毕（一般填写买卖外币种类、金额、认可的牌价并签字），连同本人身份证，存折或现金交柜台经办员审核清点。

第二，经办员审核无误，将外汇买卖申请书或确认单交客户确认，成交汇率即以该确认单上的汇率为准。客户确认后签字，即为成交，按照规定，成交后该笔交易不得撤销。

第三，经复核员复核无误后，经办员将确认书、身份证和客户的存折或应找的现金交给客户。

（2）电话交易：客户还可以通过音频电话或手机完成买卖交易而不需要到银行办理，其流程为：第一，客户须先持身份证到银行开立个人外汇买卖电话交易专用存折，预留密码。第二，进行电话交易之前，客户先领取电话委托交易规程和操作说明，将填好的电话交易申请书（或委托书）和身份证、外币存折交柜台，设定电话委托交易的专用密码（该密码可与存折密码不同）。第三，按照各银行的交易规程进行交易。电话交易完成后客户可通过电话或传真查询证实，成交后该笔交易不得撤销。

最后提醒一下投资者，因为汇市的交易比股市要复杂，需要涉及两个币种，交易前要认真了解买卖的操作步骤，记住币种代码，以免操作失误，造成不必要的损失。

3. 外汇市场的交易时间

世界各国的时差导致了不同国家及地区的金融中心营业时间不同，这就使得外汇交易具有全天候交易性。金融中心除了在周末有一定间断外，基本上都是 24 小时运行，昼夜不停。一般按照地域时区的划分，每天凌晨时分，外汇的交易首先是从亚洲区开始，逐步向欧洲区以及美洲区延展，而等到该天晚上美洲市场收市时，亚洲市场已经开始准备第二天的开市了。这种周而复始就形成了外汇市场特殊的 24 小时运作形式。

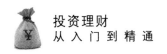
外汇投资的买卖技巧

外汇交易也同股票等其他投资方式一样都有其应该遵循的规则，作为一名外汇投资者，除了要具备良好的心理素质外，掌握必要的交易技巧也是必不可少的。只要你在交易的过程中遵循这些法则，就能够让你的投资如虎添翼。

1. 耐心学习积累经验

在投资市场上，任何一种投资都不是稳赚不赔的，炒汇当然也不例外。所以，在决定投资外汇之前，一定要耐心学习，循序渐进，可以先用模拟账户体验一下炒汇的感觉。模拟账户和真实账户的网上操作界面和使用方法完全一致，报价也是真实的，投资者可以通过模拟账户的操作，先熟悉交易平台及操作方法。然后再逐步地接触一些基本面、技术面知识，积累一些交易经验与交易技巧，最后再根据自己的赢利情况，决定是否入市。

2. 谨慎入市，降低风险

汇市有风险，投资者应充分考虑个人经济承受能力和心理承受能力，根据自己的经济状况决定入市投资方案，是投资者入市前必须考虑的问题。任何投资都需要谨慎，炒外汇也不例外。只有谨慎操作，才能降低投资风险。

张先生从事金融行业，有20多年的外汇投资经验。说到做外汇，张先生最看重的还是对风险的把控。因此谈及经验，他最先说到的就是谨慎二字。一般来说，张先生都不会在入场时将资金一次性投入，而是采取试盘的方式，逐步加入资金。即便是准备投资 100 万元，一开始也只会用 1 万元资金做个先头部队去打探市场的虚实，然后采用倍数加码的方式，比如，2 万元、4 万元、8 万元……在看到趋势判断正确后再慢慢投入，慢慢累加，张先生认为炒外汇犹如打仗一样，也是需要战术的，只有当判断自己可以完全控制局面了，已经胜券在握的时候，才可以将资金完全投入进去。

外汇投资切忌赌博的心态，否则十有八九都要输。任何投资，孤注一掷的交易方式往往会伴随着亏损，做外汇交易，也需要稳扎稳打，只有看准机会，才可以大笔投入。而且，外汇保证金的交易方式，具有杠杆放大的效果，盈利当然可以被放大，但是亏损也同样会被放大。

3. "顺势而为"最重要

一些投资者在炒外汇时，常常片面地着眼于价格而忽视汇价的上升和下跌趋势。当汇率上升时，价格越来越贵，越贵投资者越不敢买；在汇率下跌时，价格越来越低，越低越觉得还会再便宜一些。因此，实际交易时，往往忘记了"顺势而为"的格言，成为逆势而为的操作者。

吴强是一个投资高手，最近他打算投资日元，根据其长期的观察，美元兑日元的汇率有个浮动区间，在 110 ~ 125 元之间。因此，他认为在某个美元上涨的区间内，118 元左右可能就是一个比较不错的入场价位。于是，根据他的外汇投资经验，他采取了倍数加码法，即在 118 元的时候进场进行试盘，在 119 元的时候继续加码试盘，120 元依然小幅加码，但假如到了 122.5 元左右，他发现胜算很大，就会将资金大笔投入，获取最大笔的盈利。

无论是实盘还是保证金交易，对于投资者来说，外汇市场的波动都会带来一定的交易机会。通常情况下，投资者只要积极把握汇率走势，顺势而为，还是可以获取不错收益的。

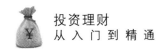

4. 尽量使利润延续

缺乏经验的投资者，在开盘买入或卖出某种外汇之后，一见有盈利，就立刻想到平盘收钱。获利平盘做起来似乎很容易，但是捕捉获利的时机却是一门学问。有经验的投资者，会根据自己对汇率走势的判断，决定平盘的时间。如果认为市势会进一步朝着对他有利的方向发展，他会耐着性子，明知有利而不赚，任由汇率尽量向着对自己更有利的方向发展，从而使利润延续。一见小利就平盘不等于见好即收，到头来，搞不好会盈少亏多。

5. "金字塔"加码的原则

"金字塔"加码的意思是：在第一次买入某种货币之后，该货币汇率上升，眼看投资正确，若想加码增加投资，应当遵循"每次加码的数量比上次少"的原则。这样逐次加买数会越来越少，就如"金字塔"一样。因为价格越高，接近上涨顶峰的可能性越大，危险也越大。同时，在上升时买入，会引起多头的平均成本增加，从而降低收益率。

有些人在交易时，一见买对，就加倍购买，一旦市势急跌，难免损失惨重。而金字塔式的投资，一旦市势下跌，由于在高位建立的头寸较少，损失相对轻些。

6. 不在赔钱时加码

在买入或卖出一种外汇后，遇到市场突然以相反的方向急进时，有些人会想加码再做，这是很危险的。例如，当某种外汇连续上涨一段时间后，交易者追高买进了该种货币。突然行情扭转，猛跌向下，交易员眼看赔钱，便想在低价位加码买一单，企图拉低前一单的汇价，并在汇率反弹时，二单一起平仓，避免亏损。这种加码做法要特别小心。这是因为，如果汇价已经上升了一段时间，你买的可能是一个"顶"，如果越跌越买，连续加码，但汇价总不回头，那么结果无疑是恶性亏损。

7. 熟练使用均线

炒汇要经常使用蜡烛图进行分析。和蜡烛图配套使用的就是均线，就凑成了蜡烛图和均线一起使用的图。很多炒汇都采用这种方式来进行最基本的分析，这个指标的准确性还是很高的。均线是炒汇时必须掌握的基本技术指标之一。

在交易中，经常使用简单移动平均线，因为它对行情的了解最快捷，最容易看到，并采取相应的对策。

简单移动平均线：就是数天之内的收盘价相加，再被这个天数整除，就得到了一个平均值。依此类推，把随后的数值继续按照这个方法来做，就得到了很多平均值。把这些值连在一起，就形成了一条直线，这就是一条简单的平均线。

一般的交易中，5 日、10 日、20 日、30 日是短线操作的重要判断依据。60 日均线、100 日均线和 150 日均线可以作为中期的一个判断依据，而 200 日均线、250 日均线可以作为长线的操作依据。

美国投资专家葛兰碧先生对均线的研究很有造诣，他创造了葛兰碧八大法则。投资者掌握了这些法则，均线就会成为手中的利器。

（1）均线由下降逐渐走平，且有向上抬头的迹象，而汇价自均线的下方向上突破平均线时是买进信号。

（2）汇价趋势走在均线之上，汇价突然下跌，没跌破移动平均线，又再度上升，是买进信号。

（3）汇价跌至平均移动线下方，而平均移动线短期内仍为继续上升趋势，不久汇价又回到均线上方，是买进信号。

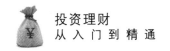
（4）汇价趋势走在平均线之下，突然出现暴跌，距离平均线非常远，极有可能随时再度靠近均线，亦为买进时机。

出现以上这四种情况，基本上是买入的信号，尤其是以第一种为追买的信号，入场获利的可能性比较大。以下为卖出信号：

（1）均线从上升趋势逐渐转为水平，且有向下跌的倾向，当汇价从平均线上方向下突破平均线时，为卖出信号。

（2）汇价趋势在均线之下，回升时未超越平均线，再度下跌，为卖出信号。

（3）汇价仍然涨过平均线上方，但平均线继续下跌，不久汇价又回到均线的下方，为卖出信号。

（4）汇价走在平均线上方，突然暴涨，距离均线越来越远，为卖出时机。

如何进行外汇套利操作

炒外汇时，套利知识是投资者的一大法宝。外汇套利，是指利用外汇汇率的波动赚取买卖差价收益。在早期的外汇交易市场里，主要是以各国汇率之间因为地域和时间性所造成的汇率差异来进行套利组合。目前市场上主要流行的套利交易，其实本质上属于套息交易，即利用外币币种之间储蓄利率的差别赚取较高的利息收入。

套息交易属于一种低风险的盈利方式，在 2008 年金融风险时期比较盛行，因为外汇市场中的利息是以天来进行结算的，周三过夜的利息是平时的三倍，投资者在利息结算之前买入低利率兑高利率的货币时，利息结算以后再反向平仓操作，这中间就有一个利息差，也就是持有买入高利率的货币收益大于借入低利率所支付的利息，这就是套利交易的基本的盈利方式，很多人都是通过这种买入高利率货币卖出低利率货币来赚取隔夜利息。

此外，目前市场上还有货币对套利交易的形式。由于在经济全球化的今天，很多国家的货币之间存在相关性，因此利用货币对进行对冲交易，则可以在降低系统性风险的同时，获得相对稳健的收益。目前世界外汇市场都以美元做计算单位，所有外币的升跌都以美元作为相对的汇价。美元强，则外币弱；外币强，则美元弱。美元的升跌影响所有外币的升跌，所以，若看好一种货币，但要降低风险，就需要同时沽出一种看淡的货币。买入强势货币，沽出弱势货币，如果估计正确，美元弱，所买入的强势货币就会上升；即使估计错误，美元强，买入的货币也不会跌太多。沽空了的弱势货币却跌得重，做成亏少赚多，整体来说仍可获利。

一般进行外汇套利交易的货币对要有两个特点：一是两种货币之间的利息率差很大，二是该货币是处于上行趋势中的货币。比如，澳大利亚银行的利率是 4.5%，而美联储的利率是 0.5%，也就是说存在着 4% 的利率差异，货币在 2001 年到 2007 年的 6 年间，从 0.4800 涨到了 0.9800，涨幅 5000 点，处于明显的上升期，这就比较适合进行套利交易。

对于外汇套利策略，台湾地区外汇交易专业人士高磊在接受《第一财经日报》采访时，将自己 10 余年来交易经验在各大外汇交易论坛上与外汇投资者分享。

对于外汇套利交易的操作，高磊指出，比如美元存款利率高于日元存款

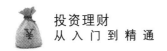
利率，如果将手中的日元兑换成美元，一年期存款可以获取4%左右的净息差收益。或者在美元兑日元汇率118.00时买进美元卖出日元，当汇率波动至121.54时，再抛出美元买回日元，这一买一卖之间就可以赚取3%的汇差盈利。

高磊强调，由于套息交易本身的目的，是以安全方式取得更大量的资金来投入资本市场，如股市、房地产等，在具有息差的优势基础条件下，要通过这样的方式取得资金，所要考虑的风险就是汇率风险。并且，外汇交易必然会涉及对冲基金的概念。高磊表示，最基础的对冲概念就是从美元为货币兑换基础来做延伸。譬如买入欧元，则沽空英镑，由于这两个货币若以美元为兑换基础，他只看美元升跌，那么当欧元对美元上涨时，则英镑应当也对美元上涨，因此当他买入欧元，同时沽空英镑，则可以达到反对冲的风险控制功能。

高磊指出，外汇套利交易的一个重要概念是算法交易。由于每个货币的波动点值略有不同，而且波动的速度也不同，所以投资者并无法彻底解决汇率波动风险扩大的可能。譬如买入欧日卖出镑日，由于欧日的汇价，是欧元汇率乘上日元汇率所构成，譬如欧元汇率1.53，日元汇率为100，则欧日汇率为153，镑日汇率的组成亦同。但是由于英镑的汇率远比欧元来得高，所以当我们进行这样对冲组合的时候，会发现镑日的波动速度远较欧日来得快，所以单纯的以交易方向性的对冲，就无法控制风险，而必须以杠杆的变化性来做调整。

此外，高磊认为在外汇套利交易中，比价交易很重要。所谓比价交易就是通过交叉汇率来比对出最值得购买的货币，比如，如果美元走势疲软，投资者想买进非美，但是到底应该是买入欧元还是买入英镑或是买入澳元呢？

大多数人通常会选择涨得最少的来买入，因为心理上会认为其他货币都涨这么多了，涨最少的应该要补涨一下。然而通常这时候这样的想法都会是错的，交易者应当观察交叉汇率来进行判断比价，才能够获得正确的判断。

最后高磊总结道："如果你已经是一个具有技术分析与基本面分析功底的交易者，但在外汇市场却还不能够达到稳定的获利，甚至不时出现较大的交易风险，那么建议你可以从对冲模型、算法交易及比价交易方面入手，加深一些了解与思维强化，相信将可以大幅提升你的交易能力与获利水平。"

套利交易主要取决于利率的波动，这也是投资者需要关注的焦点。各国的央行都会进行每月的利率调整决议，这就关系到投资者的具体盈利情况，以做套利交易的投资者应该实时关注各国央行发布的利率决议。另外，掌握套利交易的同时还要对市场有一个大致的了解过程，这对交易者分析市场行情也是有一定的优势的。

如何规避炒汇风险

外汇市场是一个风险很大的市场，它的风险主要在于决定外汇价格的变量因素太多。虽然现有的关于外汇波动原理的书比比皆是，有的从经济理论去研究，有的从数理统计去研究，也有的从几何图形去研究，还有的从心理和行为科学的角度去研究，但外汇市场的波动仍经常出乎投资者的意料。

利率、中央银行的政策、国际政治局势、国家经济状况等往往会对外汇市场带来影响。投资者决定投资外汇市场，应该仔细考虑投资目标、经验水

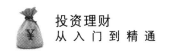
平和承担风险的能力。在外汇市场上遭受一部分或全部初始投资的损失的可能性是存在的，因此不应该以不能全部损失的资金来投资，并且还应该留意所有与外汇投资相关的风险。否则，不控制风险，随意操作，要想从外汇市场上赚钱简直就是天方夜谭。投资者只有把握正确的风险控制策略，才可以将风险最小化，同时实现盈利最大化。

1. 以闲暇资金投资

如果投资者以家庭生活费用于投资，万一亏损，就会直接影响家庭生活，在投资市场里失败的机会就会增加。因为用一笔不该用来投资的钱来生财时，心理上已经处于下风，故此在决策时亦难保持客观、冷静的态度。

2. 控制好每次交易的开仓比例

对于外汇投资的新手来说，初始的开仓比例不能过大。在积累了充分的投资经验以及拥有持续良好的投资记录后，再考虑逐步扩大开仓比例。

3. 即期交易和远期交易

即期交易允许投资者在两个营业日之内进行交割，因此，外汇投资者可以通过两个营业日之内对外汇进行收入和支付。另外投资者也可以通过即期交易的方式来规避汇价的风险。例如投资者手里若只有本国货币，如果投资者需要支付一笔外币，此时，外汇投资者便可以通过银行进行一笔即时交易，通过用本币买入相同等额的外币用于支付，这样能够较好地规避外汇风险。

在远期交易方面，外币的借贷风险可以通过远期交易的方式来进行保值。比如，投资者若想借入一笔外币，到期必须偿还，可通过在远期市场买入一笔外币，到期时用该笔买入外币偿还借款和利息。

4. 通过止损控制风险

波动性和不可预测性是市场最根本的特征，这是市场存在的基础，也是交易中风险产生的原因。交易中永远没有确定性，所有的分析预测仅仅是一种可能性，根据这种可能性进行的交易自然是不确定的，不确定的行为必须得有措施来控制其风险的扩大，而止损就是最得力的措施。

当然，控制风险并不是简单的设多少止损点，而是止损点设置得是否得当、合理。有一些投资者会遇到这样的情况，跟别人一样买入某种货币，别人设了 30 点止损没有被打掉，而自己设了 50 点止损反而被打掉。这就是关键，因为你没有判断好行情力度范围，也可以说你没有把握好入场时机，你是在行情上涨中的上阶段买进，而别人是在行情的中下段进场，这样当然是别人的安全系数比你大。因此，必须再强调一下：止损不在于多少点，关键在于控制得合不合理。

5. 建仓资金需留有余地

外汇投资，特别是外汇保证金交易的投资，由于采用杠杆式的交易，资金放大了很多倍，资金管理就显得非常重要了。满仓交易和重仓交易者实际上都是赌博，最终必将被市场淘汰。所以，外汇建仓资金一定要留有余地。

6. 交叉盘不是解套的"万能钥匙"

做交叉盘是外汇市场上实盘投资者经常使用的一种解套方法，在直盘交易被套牢的情况下，很多投资者不愿意止损，而选择交叉盘进行解套操作。

在汇市中，凡是和美元直接联系的货币对称为直盘，比如欧元／美元，澳元／美元。不和美元挂钩的货币对称为交叉盘，比如欧元／英镑、英镑／日元。交叉盘操作运用得当能有效地降低投资者的持仓成本，使已经被套牢的仓位更快解套。

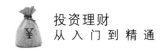

交叉盘交易具有这几个优势：第一，通过交叉盘可以以被套牢的货币作为本币，买入当前市场中最强势的货币。这样通过交叉盘的波段操作，使手中的本币越来越多，自然持仓成本也会进一步降低，最终达到解套甚至盈利。第二，交叉盘行情的波动空间相对比较大，任何币种之间都可以自由交易，只要把握好，赚钱的机会很多。交叉盘盈利之后，可以选择回到原来的本币，也可以选择直接回到美元，非常灵活。第三，交叉盘的操作是两个非美元币种之间的直接买卖，而不需要通过美元进行，这样可以减少点差，降低交易成本。

当然，交叉盘也有不可避免的劣势，第一，交叉盘交易中最大的风险就是美元的大幅度上涨。各非美币种之间联动的特点非常明显，一旦美元强势上涨，所有币种都将不可避免地下跌，这样交叉盘之间的操作就会变得非常困难，并且随着美元的上涨而同步贬值。最终结果就是，套牢越来越深。第二，由于投资者对交叉盘不太熟悉，所以操作失误的可能性较大，也会造成交叉盘越做越亏，套牢程度增加。

因此，在运用交叉盘解套时，投资者一定要坚持三个原则：一是在美元强势的情况下，应避免做交叉盘，第一时间止损，这样的损失最小；二是在美元波动较大的情况下，一定要坚决停止交叉盘交易，采取直盘的波段交易自救比交叉盘效果更好；三是只有在美元汇率相对稳定窄幅运行的情况，才是做交叉盘的最好时机。总之，交叉盘不是解套的最佳良药，如果没有确切的把握，投资者应该慎之又慎。

如何选择外汇交易平台

随着经济的不断发展，外汇市场也如雨后春笋般浮现，与此同时，一些不正规的外汇交易平台也随之而来，那么，在数以百计的外汇交易商中，投资者必须擦亮眼睛，拒绝小平台，黑平台和不讲信用的平台。

投资者该如何选择外汇交易平台呢？就此问题，国际外汇交易公司 easy-forex 易信公司的专家 Nicolas Shamtanis 介绍了以下几种方法。

1. 拒绝选择无监管的平台

Nicolas Shamtanis 表示，选择好的外汇交易平台，最重要的是：选择安全可靠的平台，对无监管的平台说不。他介绍，当前市场上，许多的外汇交易商向投资者提供非常有竞争力的价格（即低点差），但其实点差不应该是选择平台的首要考虑因素。投资者应该根据外汇交易商的良好行业记录来做选择。比如，公司在业内的历史，业内信誉，是否有正规的监管，是否有合法从业执照，支付系统是否安全，服务质量如何等。

选择好的外汇交易平台，首先要查看平台属于什么机构监管，监管号码与机构名称是否相符，平台的历史投诉记录与信誉度，等等。这些信息可以到监管机构的网站去查证。正规外汇公司都要受监管，一定不要选择未正规注册、不受监管的交易商或做市商。

同时，建议投资者注意交易商是否提供隔离账户，这点非常重要。隔离账户意味着客户资金存放在与交易商日常运营账户不同的账户里，换句话

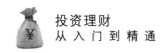
说，如果交易商出现问题，投资者的资金还是安全的。比如 easy-forex 易信公司会把收到的资金放在隔离开的信托客户银行账户，这些资金在资产负债表之外，不可以被用来支付公司的资产负债。

2. 选择交易费用透明的平台

easy-forex 易信公司的专家 Nicolas Shamtanis 表示，任何投资者都应该知道费用的构成。注意点差并不是唯一的成本，投资者应该注意观察隐性成本，因为这些费用每个交易商都可能不同。投资者需要的是一切费用透明化的交易商。

一些外汇交易平台对于存款和取款都会收费。投资者需要了解是否支付了此类费用，以及具体收费金额。外汇交易中，交易商不收取佣金，他们依靠点差赚钱。点差就是交易商从交易者手中买入的价格与卖给交易者的价格差额，例如：如果欧元对美元的买入价 / 卖出价率是 1.3105/1.3108，这代表了三个点差。交易者可以用 1.3108 美元的价格购买欧元，但是卖出欧元的价格是 1.3105 美元。如果交易者买入或卖出，汇率并没有任何变化，就会出现一个相对较小的损失，产生交易成本。

不会滑点也是考验交易平台优劣的一个重要指标，滑点指下单的点位和最后成交的点位差距。无论是什么原因导致滑点，都会造成交易成本高于预期。

3. 慧眼识金发掘交易平台的多种功能

新一代的外汇交易平台有许多新的特征和功能，帮助散户更方便地在货币市场冲浪。投资交易者需要寻找有着最新科技支持，并能提供大量及时的市场数据的交易平台，为交易决策制定和执行奠定良好基础。

先进的交易平台能为投资者提供更多的交易产品选择。在外汇市场中，欧元／美元是最常见的交易货币对，约占总交易量的 30%。英镑／美元是第二大交易对，再次是黄金／美元。同时，黄金，石油以及 FSTE100 和 S&P500 之类的主要指数都同货币市场波动有关联，这也为交易提供更多机会。当交易新产品时，记得弄清各种费用，比如点差和保证金要求。

另外，科技也为交易模式有了更多选择。如今，私人投资者可以利用交易机器人。尽管这需要一些技巧并且不适合新手，在高速市场中它仍能增加入市机会，也让交易者能够选择同时出击多个流动市场。私人投资者通常在业余时间进行交易。因此，一个常见问题就是他们没有足够的时间进行市场分析。这一点可以通过镜像交易技术解决：交易者可以设置自动模仿真实的专业交易员进行交易。但是镜像交易在散户市场还属于比较新的东西，最好多做些调查，充分了解所选交易员的历史。

4. 报价系统对比

由于技术和资金等原因，传统的外汇交易平台多以 4 位数报价系统为主，这限制了行情的表现力度，不能精准的反应价格变化，随着外汇市场日趋活跃，4 位数报价系统缺点日显突出。因此，一些领先的交易所提出了 5 位数报价系统，相比传统的 4 位数报价系统，5 位数报价系统的价格传递速率提高 10 倍以上，能及时、准确传递行情，价格 K 线走势更为精确、细腻、连贯，能更出色地表现价格变化轨迹，指标有效性大大提升。

最具特色的要属 ABL 外汇，该银行是业界最先推出 5 位数报价系统公司，并采用了最先进的银行间电子交易网络，通过与银行、机构、市场参与者之间的高效连接网络，将交易者的单子无缝连接于银行间报价系统，来消除第三方人工中介，增强了价格透明度和市场流动性，有效降低了交易成本，快速而高效帮助客户在交易全球市场取得成功。

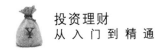
5. 对平台进行多方位比较

外汇交易商经过这几年发展已经有一些上市公司，投资者要多看公司资产规模，新闻报道。一家公司虽然人很多很大，但却既不是上市公司，也不参合过任何知名企业活动，连他们资产规模也不敢公布，那么用户就应该更多去了解一下。

第一，成立时间，总部地址，公司董事会人物，公司发展历程。

第二，最近的相关新闻报道，参与了何种社会活动和商业活动。

这些信息可以辅助我们辨明交易平台可靠性。

总之，投资者只有选择一个规范的外汇交易平台，才能够保证自己的交易是安全进行的，才能保证自己在交易之后所赚取的钱是可以真正拿到手的。

第八章

黄金投资，让你的资产保值增值

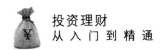
常见的黄金投资品种

黄金作为一种全球性资产成为投资工具，古今中外早就因其稀有、耐腐蚀和观赏价值而成为贵重的奢侈消费品和纪念品。近年来，随着国际油价的一路上涨，国际黄金市场的价格也是一路高涨，越来越多的个人投资者开始关注曾一度淡出人们视线的黄金投资市场。

在黄金投资之前，投资者除了认识各种黄金投资形式之外，还要对当下的黄金市场有一个充分的了解，所谓"知己知彼，百战不殆"，明白了将要投资的商品的现实交易情况，才能在诡谲多变的投资市场里以最小的风险获取最大的收益。同时需要注意的一点是要根据自己的真实经济实力进行投资，不能人云亦云，盲目跟随社会风潮。

在中国，如果想成为黄金交易所的会员，都要实行注册登记，而黄金交易所是经中国人民银行核准从事黄金业务的金融机构，从事黄金、白银、铂等金属及其制品的生产、冶炼、加工、批发、进出口贸易的企业法人，并具有良好资信的单位组成。

上海黄金交易所是中国唯一合法从事贵金属交易的国家级市场，成立于

2002 年，这个交易所的成立，为中国的黄金交易提供了一个平台，使黄金的交易更加公平、公正、公开和规范。它的职能主要有以下几个方面：提供黄金、白银、铂等贵金属交易的场所、设施和相关服务；制定并实施黄金交易所的业务规则，规范各方交易行为；组织、监督黄金、白银、铂等贵金属的交易、清算、交割和配送；设计交易合同，保证交易合同的履行；制定并实施风险管理制度，控制市场交易风险；生成合理价格，发布市场信息；监管会员交易业务，查处会员违反交易所有关规定的行为；监管制定仓库的黄金、白银、铂等贵金属业务；中国人民银行规定的其他职能。

上海黄金交易所的会员、非会员和个人投资者进行黄金投资有这三种交易方式：第一，黄金交易所会员单位可以直接进行现货交易和现货延期交易。现货交易是指随着黄金价格的涨跌进行买卖，在差价中获得交易利润，客户可以对买入的现货进行卖出的反向操作，也可以到交易所指定的仓库提取实物。现货延期交易是指以保证金交易方式进行交易，具有卖空机制，客户可以选择延期合约交易当天进行实物交割，也可以延期交割。第二，非会员机构投资者不能和银行或者其他会员机构直接进行黄金交易，但是可以通过黄金交易所会员单位以委托方式间接进入黄金交易所进行交易。第三，由于个人不能成为黄金交易所的会员，因此，个人投资者要想在黄金交易所进行如标准金条、纸黄金等交易，就必须通过黄金交易所的会员进行。

国际金价近几年来维持着震荡下行的弱势格局，但仍不影响人们对黄金投资的狂热。除了买金条和黄金首饰，黄金投资有哪几种类型？在我国，常见的黄金投资品种有：

1. 实物黄金

俗话说"藏金于民"，有相当一部分投资者把黄金产品作为投资标的，

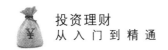
包括金条、金币、黄金饰品等。这在于，独具避险功能的实物黄金能够在通胀剧烈或是发生危机时，发挥出"天然货币"的作用。另外，一部分黄金制品还具有纪念意义，具有收藏价值和乐趣，对于喜于收藏的投资者来说，是个不错的投资选择。而且，实物黄金投资无需开启账户，安全性高，便利性强。实物黄金主要分为金条和金币两种。

（1）金条。目前市场上的金条有两种，分别是普通金条和纪念金条。特点是以 1∶1 的形式，即多少货币购买多少黄金保值，只能买涨。目前，不少商业银行都有推出自有品牌金条，例如，交行推出的"沃德投资金——金条"分为经典投资金条和生肖贺岁金条两种类型，有 10 克、20 克、30 克、50 克、100 克、200 克、500 克和 1000 克共 8 种规格多款产品，投资者日后若想变现，只需凭有效身份证件、商品销售单据原件等前往指定回购网点办理回购即可，回购手续费为 3 元／克。

（2）金币。金币有两种即纯金币和纪念性金币。纯金币的价值基本与黄金含量一致，价格也基本随国际金价波动。纯金币主要为满足集币爱好者收藏。有的国家纯金币标有面值，如加拿大曾铸造有 50 元面值的金币，但有的国家纯金币不标面值。由于纯金币与黄金价格基本保持一致，其出售时溢价幅度不高，即所含黄金价值与出售金币间价格差异投资增值功能不大，但其具有美观、鉴赏、流通变观能力强和保值功能，所以仍对一些收藏者有吸引力。纪念性金币由于具有比较大的增值潜力，其收藏投资价值要远大于纯金币。

纪念性金币的价格主要由三方面因素决定：一是数量越少价格越高；二是铸造年代越久远价值越高；三是目前的品相越完整越值钱。由于纪念性金币发行数量比较少，并具有鉴赏和历史意义，其职能已经大大超越流通职能，投资者多为投资增值和收藏、鉴赏用，其投资意义比较大。

目前，国内市场上的"熊猫"金币为实物黄金投资的最佳选择对象之一。我国发行的"熊猫"是世界上公认的五大投资金币，保证了其含量、成色、规格的稳定性，也提高了"熊猫"金币的被认可度。同时，"熊猫"金币也是国内金银币产品中升水最低的品种，在集藏市场中升水最小的是 1 盎司"熊猫"金币，其价格比同规格 1 盎司黄金材质高 100～400 元，折合每克几元至十几元。

2. 纸黄金

纸黄金，又称为"记账黄金"，纸黄金交易没有实金介入，是一种由银行提供的服务，投资者无须通过实物的买卖及交割来交易，而是采用记账方式来投资黄金。由于不涉及实金的交割，交易成本相对低一些，但"纸黄金"只能做多看涨，从金价上升中获利，无法做空。适合对黄金市场有一定研究，有长时间盯盘的投资者。

纸黄金是国内中、工、建行特有的业务，其操作方式与股票、基金等相似。与实物黄金相比，纸黄金的保值避险功能略差，但其交易方式更灵活，收益更大，增值空间更大，交易的速度更快，在交易成本方面也相对较低，因此，大部分投资者都比较热衷于做纸黄金投资。

3. 黄金期货

黄金期货，是指以国际黄金市场未来某时点的黄金价格为交易标的的期货合约，投资人买卖黄金期货的盈亏，是由进场到出场两个时间的金价价差来衡量，契约到期后则是实物交割。黄金期货采用 T+0 制度，随时买卖，价格与国家联动，不易受人为操纵。此外，还有黄金 T+D 延期交易，以保证金方式进行买卖，可以当日交割，也可以无限期地延期交割。值得注意的

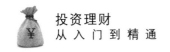
是，由于具有杠杆机制，黄金 T+D 风险较高，要求投资者有较强的风险承受能力。

黄金期货是保证金交易，受即时行情变化影响，黄金实际杠杆比例为 10% ~ 14%。黄金期货交易门槛是每手 1000 克，假如黄金期货价格为 300 元／克，按保证金比例 10% 计算，投资一手黄金期货约需 3 万元。在兴业银行等多家银行都可以进行黄金 T+D 交易。

黄金期货的风险相对较大，且期货产品涉及专业知识较多，适合专业的投资者，不建议初步学习投资的人涉水。

4. 黄金期权

黄金期权是买卖双方在未来约定的价位，具有购买一定数量标的的权利而非义务。如果价格走势对期权买卖者有利，会行使其权利而获利。如果价格走势对其不利，则放弃购买的权利。

期权作为风险管理及资产配置的重要工具，具有不可替代的作用。近年来，全球场内衍生品的交易量呈逐年增加势头，其中期权的成交量在衍生品中所占比重越来越大，有与期货比肩的趋势。2007 年至 2011 年，期权与期货的成交量基本持平，但期权却保持稳健增加态势。香港交易所 1993 年推出期权业务，到 2006 年，其期权交易量就超过了期货。

上海黄金交易所询价期权业务的交易品种包括 OAu9999 和 OAu9995 等，行权方式为欧式期权。考虑到我国黄金市场开放较晚，投资者对期权类产品还接触不多，交易所的黄金实物询价期权没有对个人投资者开放，只允许机构投资者参与。所有金交所的机构客户均可由其会员代理参与黄金实物询价期权业务，会员对其代理客户实行询价期权业务准入管理。

由于黄金期权买卖投资战术比较多并且复杂，不易掌握，目前世界上黄金期权市场不太多。

5. 现货黄金

现货黄金投资是一种杠杆式黄金电子交易合约。杠杆比例约 1：100 且无时间限制，T+0 形式，24 小时可交易，双向买涨买跌的形式。当前国内投资者，可通过香港金银业贸易场认可的 AA 级行员交易商如金荣中国提供国际 MT4 黄金行情分析软件，进行真正的现货黄金投资交易。

现货黄金的优点是：投资成本小、高回报，收益速度高、快，交易灵活，风险可控。做现货黄金投资只要看准了金价波动的方向，每天可实现多次的来回交易，累积丰厚的利润。

国际现货黄金又叫伦敦金，因最早起源于伦敦而得名。伦敦金通常被称为欧式黄金交易。以伦敦黄金交易市场和苏黎世黄金市场为代表。投资者的买卖交易记录只在个人预先开立的"黄金存折账户"上体现，而不必进行实物金的提取，这样就省去了黄金的运输、保管、检验、鉴定等步骤，其买入价与卖出价之间的差额要小于实金买卖的差价。

这类黄金交易没有一个固定的场所。在伦敦黄金市场整个市场是由各大金商、下属公司间的相互联系组成通过金商与客户之间的电话、电传等进行交易，在苏黎世黄金市场则由三大银行为客户代为买卖并负责结账清算。

6. 黄金凭证

黄金凭证是国际上比较流行的一种黄金投资方式，其类似于"纸黄金"，同样可以进行纸上交易，没有存储风险。区别是黄金凭证一般会注明投资者随时提取所购买黄金的权利，而"纸黄金"除非银行特别说明不能提取实物。

银行和黄金销售商提供的黄金凭证，为投资者提供了免予储存黄金的风

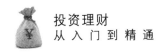
险。投资黄金凭证要对发行机构支付一定的佣金，一般而言佣金和实金的存储费大致相同。投资黄金凭证的优点是具有高度的流通性，无储存风险，在世界各地可以得到黄金保价，对于大机构发行的凭证，在世界主要金融贸易地区均可以提取黄金。

投资者需要注意的是，购买黄金凭证占用了投资者不少资金，对于提取数量较大的黄金，要提前预约，有些黄金凭证信誉度不高，因此，投资者要购买获得当地监管局认可证书的机构凭证。

影响黄金价格的基本因素

黄金投资和外汇投资、股票投资一样，要时时关注行情的变化和走势。在市场上，黄金价格的波动，绝大多数原因是受到国际经济因素以及黄金本身供求关系的影响。因此，投资者应该尽可能地了解任何影响黄金价格走势的因素。

20世纪70年代以前，世界黄金价格比较稳定，波动不大；金价的大幅波动是20世纪70年代以后才开始的。特别是近两年来，金价表现出大幅走高后剧烈震荡的态势。

受美国次贷危机引发的金融海啸的影响，美元持续贬值，地区政治动荡，石油持续涨价等，引发投资者不安，黄金作为最可靠的保值手段，以其能够抵抗通货膨胀的特性，投资地位迅速攀升。

2008年上半年，国际黄金价格创出1000美元/盎司的历史最高点位，因此，很多人相信黄金投资是继证券、期货、外汇之后又一个新的投资宝藏。

是什么影响了金价，金价的攀升到底是什么引起的呢？

20 世纪 70 年代以前，黄金价格基本由各国政府或中央银行决定，国际上黄金价格比较稳定。20 世纪 70 年代初期，美国切断了黄金价格与美元挂钩的关系，黄金价格逐步市场化，影响黄金价格变动的因素日益增多。

我们投资黄金，想要了解黄金价格的未来走势，以达到合理投资的目的，就应该尽可能地了解任何影响黄金价格的因素。一般来讲，影响黄金价格的因素有以下几个方面：

1. 黄金供需关系

黄金作为一种具有商品属性的投资理财产品，自然也属于商品的一种，它的价格首先会受到其本身供求因素的影响。从供给方面来说，地球上的黄金存量、年供应量、新的金矿开采成本、政治状况等都对供给方面产生影响。

从需求方面来说，首饰及工业实物黄金的需求量、黄金储备的多少、投资者的投机性需求，都会给需求带来影响。

除了黄金本身的供求之外，整个商品市场的价格趋势对金价有很重要的影响。由于中国、印度、俄罗斯、巴西"金砖四国"经济的持续崛起，对有色金属等大宗商品的需求持续强劲，加上国际对冲基金的投机炒作，导致有色金属、贵金属等国际商品价格自 2001 年起持续强劲上扬，这就是商品市场价格联动性的体现。

此外，新采金技术的应用、新矿的发现，均令黄金的供给增加，表现在价格上当然会令金价下跌。一个地方也可能出现投资黄金的风习，例如在日

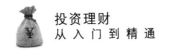
本出现的黄金投资热潮，需求大为增加，同时也导致了价格的节节攀升。

2. 美元汇率走势

在引起黄金价格变动的诸多因素中，美元汇率的威力不容小觑。美元作为国际金融市场的主导货币的地位，国际市场的黄金价格仍然以美元标价为主。它与黄金价格之间存在联动机制。美元强弱与国际黄金价格基本上是反向变化关系，而且是前者为因后者为果的影响与被影响、决定与被决定的关系。

美元强弱是影响金价高低的重要因素，这主要有三个原因：第一，美元是世界公认的硬通货，美元和黄金都是国际储备资产，美元坚挺就削弱了黄金作为储备资产和保值功能的地位；第二，美国 GDP 约占世界 GDP 的 1/4 强，对外贸易总额世界第一，世界经济深受其影响，而黄金价格显然与世界经济好坏成反向关系；第三，世界黄金市场一般都以美元标价，美元贬值一方面势必导致金价上涨，另一方面，以美元计价的黄金对于其他货币的持有者来说就显得便宜了，这将会刺激对于黄金的需求。因此，美元走势与金价应是反方向变动的关系。

美元汇率和黄金价格之间存在此消彼长的关系，也就是说美元衰弱，黄金价格就会上扬。美元汇率上升及伴随的资产价格上扬，短期资本就会涌入美元货币市场和美元资本市场，黄金价格就会相应走低；美元汇率下跌及相伴的美元资产价格下跌，短期资本就会流出美元货币市场和美元资本市场，涌入黄金市场，黄金价格就明显走高。

世界黄金市场一般都以美元标价，当美元贬值时，在黄金的美元价格不发生变化或变化很小的情况下，以其他货币衡量的黄金价格亦表现为下降，从而刺激非美国家对黄金需求增加，最终使国际黄金价格随之上涨。

3. 国际地缘政治局势

国际地缘政治局势对于黄金价格的影响是最为剧烈的，它会推动避险情绪的提升，一旦发生国际地缘动荡，则纸币贬值迅速，黄金因其避险属性受到推升。黄金历史上就是避险的最佳手段，所谓"大炮一响，黄金万两"，即是对黄金避险价值的完美诠释。

国际地缘政治局势对黄金的影响主要分为两类，一是突发性的战争爆发，因为普遍在人们的预期之外，所以对金价的影响也是爆发性的，金价往往走出快速上涨后快速下跌的走势，如伊拉克突然入侵科威特，金价就表现为短时间内大幅飙升。1980 年的元月 21 日金价达到历史高点，每盎司 850 美元，其中一个重要因素是当时世界局势动乱——1979 年 11 月发生了伊朗挟持美国人质事件，12 月苏联入侵阿富汗，从而使得金价每日以 30 ~ 50 美元速度飙升。二是在人们预期内的战争爆发，则在战争真正爆发前，金价已经在跟随预期走了，战争溢价已在价格上涨中体现出来。

4. 全球性金融危机

假如出现了世界级银行的倒闭，金价会有什么反应呢？其实，这种情况就是因为金融危机的出现。人们自然都把金钱留在自己的手上，银行会出现大量的挤兑或破产倒闭。情况就像前不久的阿根廷经济危机一样，大家要从银行兑换美元，而国家为了保留最后的投资机会，禁止了美元的兑换，从而发生了不断的骚乱，全国陷入了恐慌之中。当美国等西方大国的金融体系出现了不稳定的现象时，世界资金便会投向黄金，黄金需求增加，金价即会上涨。黄金在这时就发挥了资金避险的功能。

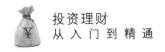
5. 通货膨胀

黄金与纸币、存款等货币形式不同，其自身具有非常高的价值，不像其他货币只是价值的代表，而其本身微乎其微。因此，黄金在任何时候不会失去价值。

一个国家货币的购买能力，是基于物价指数而决定的。当一国的物价稳定时，其货币的购买能力就越稳定。相反，通货率越高，货币的购买力就越弱，这种货币就越缺乏吸引力。通货膨胀作为经济的一般现象，如果不是太剧烈太突然，对金价的影响并不大，只有在短期内物价大幅上涨，引起人们的恐慌，货币的单位购买能力下降，持有现金根本没有保障，收取利息也赶不上物价的飞涨时，人们就会采购黄金，因为此时黄金的理论价格会随通胀而上涨。西方主要国家的通胀越高，以黄金作保值的需求就越大，金价也因此水涨船高。

6. 原油价格

黄金本身是通胀之下的保值品，与美国通胀形影不离，国际原油价格与黄金交易市场也存在着紧密的联系。众所周知，抗通胀是黄金的一个主要功能，而国际原油价格又与通货膨胀水平有着密切的关系。因此，国际黄金价格与国际原油价格具有正向运动的互动关系。原油价格上涨意味着通胀会随之而来，金价也会随之上涨，反之，原油价格下跌预示着黄金价格也要下跌。

实物黄金的投资渠道及技巧

俗话说"盛世古董乱世金"，无论全球股市的集体下挫还是国际油价的不断"跌破底线"，在国际市场一片惨跌之下，蛰伏多时的黄金再度发威成为人们关注的焦点，成为近期最火的投资产品。2016 年初，金价已上涨了26%，创下 1979 年以来最大的涨幅。对于大部分买黄金的普通老百姓而言，银行买金条、饰品店买金饰是最熟悉的黄金投资方式。其实，除了金饰、金条，还有第三种实物黄金投资方式。

实物黄金投资是一项长期投资，通过长期投资可以分享金价持续上涨所带来的收益，从而达到资产保值增值的目的。但一般的饰金买入及卖出价的差额较大，视作投资并不适宜，金条及金币由于不涉及其他成本，是实物黄金投资的最佳选择。那么，投资者可以通过哪些渠道投资实物黄金呢？

1. 金店

金店是人们购买黄金产品的一般渠道。但是一般通过金店渠道买金更偏重的是它的收藏价值而不是投资价值。比如购买黄金饰品是比较传统的投资方式，金饰在很大程度上已经是实用性商品，但是黄金首饰保值升值的空间相对较小，而且生产金首饰的厂家众多，其标准性上远差于金条，流通的能力很差。

此外，购买金饰品有做工费用，在给金店回购时还会有折价。与此同时，金首饰在日常使用中会受到不同程度的磨损，将旧金饰品变现时，价格

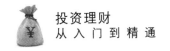
还要在原来的基础上打折扣。据投资人计算发现，黄金饰品的变现成本可能超过 30%。因此投资者投资实物黄金饰品，各种中间成本较多，较难赚钱，单纯从投资角度而言，黄金首饰并不适合做投资工具。

2. 银行

投资者还可通过银行渠道进行投资，购买实物黄金，包括标准金条、金币等产品形式。比如农行"招金"、中行"奥运金"，还有上海金交所对个人的黄金业务目前主要就通过银行来代理；而我国推出的熊猫金币，就是由中国人民银行发行，也是一种货币形式，即使再贬值也会有相当的价值，因此其投资风险相对要小。

但是，对于短线投资者来说，黄金金条并非投资的最佳选择。首先，流动性差，易买难卖。原因在于，一般情况下，银行在回购时只会对本行发行的金条实施回购，而且一般会有折价，变现不是特别容易。此外还有一定的交割、检验成本，存储、运输成本，以及购买时的手续费。

需要投资者注意的是，金条听上去简单粗暴，但是，实际上，由于金条的发行单位、工艺造型和发行量的不同，其市场价值也大相径庭，其中收藏价值所占的因素相当高，并不是想象中随便买一根金条那么简单。

3. 黄金延迟交收业务平台

黄金延迟交收业务平台是时下最流行的一种黄金投资渠道。黄金延迟交收指的是投资者按即时价格买卖标准金条后，延迟至第二个工作日后任何工作日进行实物交收的一种现货黄金交易模式。以金道投资的黄金道业务为例，"黄金道"平台推出的 HBI- 北交标准金就是目前国内"投资性金条"的一种，"黄金道"兼顾了银行里纸黄金和实物金两种优势，人民币报价系统与国际黄金市场同步，投资者既可以通过黄金道平台购买实物金条，又可以通过延迟交收机制"低买高卖"，利用黄金价格的波动赢利，对于黄金投资者来说是非常好的投资工具。

4. 交易所

目前我国只有两家合法的黄金交易所：上海黄金交易所、上海期货交易所。交易所实物黄金有些复杂，不适合入门级投资者，像炒股一样，对于投资者而言更多的是数字上的变动，需要通过金价的走势进行分析预测从而决定操作的方向。

交易所的实物黄金交易采用场内竞价撮合模式，与股票交易模式完全相同。投资者能自主参与报价，根据价格优先、时间优先的原则由计算机撮合成交，交易系统实时公开买卖报价和成交价，买家和卖家直接交易。

与炒股的不同之处在于，通过交易所交易的是实实在在的黄金实物。买入交易所的实物黄金后，投资者账户上的黄金是有存放在金库的实物黄金相对应的，投资者既可以在价格较高时卖出赚取差价，也可以从金库中提取实物，是一种投资、保值两相宜的产品。

实物黄金投资主要包括金条、金币及金饰投资等，种类不同，投资技巧亦不同。

1. 投资性金条

所谓投资性金条，即由黄金企业推出的纯金含量大于99.99%，并以上海黄金交易所或国际市场实时价格为参考价格，可实时买、实时卖，供投资者理财保值增值的金条。投资市场上常见的金条有中金投资金条、山东黄金投资金条以及各银行发行的投资金条等。

投资者在购买之前，应先了解投资性金条的特点。投资型金条属于投资实物黄金，它不是衍生品，没有杠杆，但需要考虑变现、贮存等相关事宜。

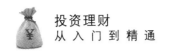

与纪念性金条相比，投资型金条的溢价更低、流通性更强、变现能力更强，更适合大多数投资者。

对于投资性金条的投资者而言，长线投资需要看准黄金的长期投资价值，而短期需要关注市场的避险情绪和美元的涨跌等。这些都是决定金价走势的重要因素。如果决定长线投资，投资者就不要太过在意短期的价格变化，定时定量地买入一定的投资性金条，来实现长期收益。

不过，购买投资性金条要分批购买和出售，防止一次性买在高点和卖在低点。此外，投资成本同样值得投资者关注。如果想要获得更多的收益，投资者购入原料金最佳，而非首饰工艺品，因为工艺品的手工费损耗投资收益。

在细节方面，投资性金条按照制作工艺可分为浇铸、压铸两种。一般来说，压铸的工艺技术水平更为精湛，手续费也会随之提升；而浇铸的工艺相比之下较为简单，所以浇铸的金条要稍微便宜一些，这在购买时要弄清楚，不要混淆。

另外，就购买途径来说，银行和金店销售的金条在品质上差别并不大，两者相比而言，银行的金条价位稍低。而金条是金店的主要商品，也是其利润的主要来源，加上实体店面运营的成本较高，自然也就推升了黄金的销售价格，而银行销售金条，场地成本较小、附加费用相对较低。

并且，多数银行的金条都有自己的品牌，整体进货量相对较大，货源渠道相对简化，自然也就降低了成本；而相比之下，金店的进货渠道要复杂一些，许多产品往往都是代销品牌，这也是成本增加的重要因素。

2. 金银纪念币投资

虽然近年来贵金属价格疲软，但是各种纪念币收藏则热潮涌动，从2015

年初发行的羊年生肖币，到 10 月 12 日的抗战胜利 70 周年纪念币，再到火热的航天纪念币和纪念钞，市民抢购热情高涨，也掀起了钱币收藏市场的一股热潮。

金银纪念币工艺设计水准高、图案精美丰富、发行量较少，因此具有较高的艺术品特征，呈现出高溢价、小品种、价格波动大，牛市短熊市长的投机性特征，因此，并不适合长线投资。那么，如何投资金银纪念币呢？

第一，要选对精品。央行发行的纪念币有数千种，有的题材经典、工艺精湛、发行量少，升值潜力大，也有的题材和工艺一般、发行量大，升值潜力不大甚至仅随金银材料价起伏。懂行的人会透过市场迷雾去研判精品，普通市民则应多咨询行家，寻求到真实的信息，看准精品后再动手，这样才能使自己的投资收益大、自己的藏品拿得出手。

第二，要认准专业商家。目前销售金银纪念币的渠道有总直销中心、特许经销商、专营公司、银行、集营市场、古玩店等，前四种是有正式票据、无假货的正规渠道。但是，选对正规渠道还不够，还需进一步选对有研判预见能力、能自主选择经营的专业商家，这样所咨询的信息才真实可靠，所买金银币的精品率才切实有保障。

有一些不正规的商家为了获取利益，在发行初期往往都会被包装营造"热门"和"升值"的虚假景象，经济大环境不好时这种忽悠会更频繁，普通市民如果没有依托专业商家的专业性而盲目跟风，成功的概率就会很小。

第三，要宏观看买入时机。金银币市场和其他投资市场一样有涨有跌，逢低买入是一般规律，但一味地追求便宜往往买不到精品，精品则大多不会很便宜，因此，只有在选对精品的前提下再逢低买入，投资收藏才会成功。在实际操作中，奢望求得最低价是不切实际的，最终大多数都会错过时机。

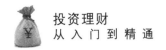

应从成长性的角度去宏观分析精品的相对低位时期，达到目标低位时再在正规渠道中货比三家取得最低价，这样成功就已经在握。

第四，要重视品相和附件。很多人以为金银纪念币都是新的不会有品相问题，这完全是误识。事实上，金银纪念币铸造时偶尔会残留杂物，经销商在拆零包装和保管中也有很多不够专业，因此，金银纪念币的币面常见红白斑等品相问题。对于不懂行的普通投资者只有依托专业商家的把关能力来求得比较全面的保障。

3. 黄金首饰投资

黄金饰品既能做首饰又可以保值，正是这个原因，其一度成为中国大妈们的最爱。不过，黄金首饰保值升值的空间相对较小，而且生产金首饰的厂家众多，其标准性上远差于金条，流通的能力很差。

一般来说，黄金饰品的定价方式分为"一口价"和"黄金基准价＋工费"两种。通常"一口价"的黄金饰品造型更加吸引人，就是大家平常买的金饰，与其说它是投资品，倒不如说是商品。而"金价＋工费"定价方式的黄金制品是统一样式的制品，相同或相似的样式有各种不同克重的商品，单价是在基础金价的基础上，再根据做工复杂程度和工艺性叠加一定金额的工费，然后整体计算价格。与"一口价"的饰品比，做工费占比相对较低，更多地反映黄金本身的价值。

首饰加工越精细，工艺费就越贵，回购时反而损失越大，因为在黄金回购时手工费、设计费等费用不会被考虑在内。目前市面上很多著名金店都回购黄金首饰，不过都只能按照基础金价计算，再扣除一些手续费。所以，单纯从投资的角度而言，黄金首饰作为投资工具并不理想。然而与钻石等饰品相比，普通家庭买金饰保值性要好多了。

黄金期权的投资策略

黄金期权具有风险确定和收益"无限化"的特性，也正是这一特性吸引着越来越多的投资者投身其中。很多投资者在黄金市场的价格有所回落的时候同样保证自己拥有黄金头寸，而且他们还可以将自己置于迎接价格变动的位置上。不管市场是涨还是跌，他们都可以通过黄金期权组合，完成这项高风险、高收益的投资。

接下来我们来看看黄金期权的五大投资策略。

1. 买入看涨期权

买入看涨期权，是指若投资者预期市场价格将要上涨，则买进看涨期权，之后市场价格果真上涨，并且上升至执行价格之上，则投资者可执行期权从而获利。这是黄金期权交易中最为基本的一种交易策略。期权所有者对一手黄金看涨期权只拥有权利，并不需要承担任何义务。当黄金价格的上涨高于看涨期权的折平价格时，就会给投资者带来巨大的赢利空间。

这种策略的风险只存在于买入该看涨期权的价格方面，投资者为了规避风险可以放弃行使期权，虽然中国国内的黄金期权都是仅在到期日才能行使的欧式期权，但是在到期日之前，同样是会随着价格而不断波动，投资者也可以随时卖出对冲，而其损失也只不过是期权费。

下面通过买入纸黄金跟买入看涨期权做对比，看看在不同情况下的盈亏结果：

例子：假设投资者甲在 150 元／克买入 100 克纸黄金，所需投入资金为 15000 元；投资者乙同时买入 100 份 1 个月期限，行权价在 155 元的黄金看涨期权（1 份期权对应 1 克纸黄金），期权费每份为 3 元，所投入资金为 300 元。

1. 假如期权到期时金价高于 158 元

如果到期时金价为 161 元，则期权的价值就变为 161−155=6 元，如卖掉期权，则投资者乙的收益为（161−155）×100=600 元，该项投资的收益率为 (600−300)/300=100%，另外，投资者乙也可以行使期权，即再投入 15500 元在 155 元买入 100 克黄金，同时在 161 元的价格在市场上卖出，获利为 (161−155)×100=600 元。两种方式的收益是相等的。

而投资者甲的收益为 (161−150)×100=1100 元，但收益率为 1100/15000=7.33%。

2. 假如期权到期时金价位于 155～158 元之间

此时期权还有一定的价值，虽不足以达到这项投资的收支平衡，但可以通过卖出期权降低一些成本。

例如，如果到期时金价为 157 元，则此时期权价值 2 元，投资者乙卖出该期权，获得 200 元，则这项投资的最终损失为 100 元。

3. 期权到期时金价低于 155 元

此时期权的价值为零，投资者乙放弃行使该期权，最终损失为所有的期权费 300 元。而投资者甲所持有的纸黄金就处于头寸亏损的状态。

这里我们要提醒一点，期权是有期限的，期权到期后就不存在了，而购买的黄金头寸可以一直存在，但投资的资本要比购买期权多得多，而且所承担的风险是全部头寸，而期权的最大损失仅为期权费。

2. 卖出看涨期权

卖出看涨期权是卖出者获得权利金，假如执行合约的是买入看涨期权者，卖出方就必须按照特定的价格向期权买入方卖出一定数量的某商品。卖出看涨期权的策略，其实质是以未来无限收益的可能去换取收益确定的期权费收入。在金价下跌的可能下，可以用期权费的收入补偿损失，而代价是放弃金价上涨时产生的更大的盈利机会。因此卖出看涨期权通常被认为是一种谨慎和保守的交易策略，它更为关注对现有头寸的保护，而非在价格上涨时的资产增值。因此，这一期权交易策略适合将资本保全放在首位，而将投资的适度回报置于次要地位的投资者。下面通过具体的案例分析来探讨卖出看涨期权的策略运用。

例子：以中国银行"两金宝"（中国银行提供期限为1周、2周、1个月、3个月的期权银行买入价，客户在纸黄金被冻结的前提下可卖出期权给中国银行）为例：

假设客户持有买入成本在640美元的10盎司纸黄金，我们将其卖出看涨期权（在2006年12月6日卖出一笔黄金看涨期权，行权价为640美元，期权面值为10盎司，期限为三个月，中行的期权报价25.25美元／盎司，客户获得期权费为25.25×10=252.5美元，同时，客户账户中10盎司的纸黄金被冻结）和不卖看涨期权这两种投资策略在不同价格下的盈亏状况做对比，如下所示：

情况一：到了2007年3月6日，期权到期，黄金价格在640美元以下，假设为630美，则该笔期权将不被执行，客户账户中10盎司的黄金被解冻，该期权客户的收益为252.5美元期权费。扣除在纸黄金上的损失（640−630)×10=100美元，则净收益为252.5−100=152.5美元。

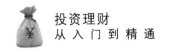

而没有卖出看涨期权的情形下，客户的损失即为（640-630）×10=100美元。

情况二：期权到期时，金价涨到665.25美元以上，假设为670美元，则客户持有的纸黄金被以640美元的价格行使，最终的收益为期权费252.5美元。

而没有卖出看涨期权的情形下，客户持有的纸黄金的收益为（670-640）×10=300美金。

情况三：期权到期时，金价在640～665.25美元之间，则期权将被行使，在卖出看涨期权的情形下，客户的收益为期权费252.5美元。而不卖看涨期权的虽然也有收益，但收益始终不如前者多。

综合以上分析，我们可以看出：到期日价格在640美元以下时，卖出看涨期权的交易策略总能比不卖看涨期权多252.25美元的期权费收入。而在640～665.25美元之间时，期权费的收益也要较纸黄金的收益要高，只有金价涨到665.25美元以上时，卖出看涨期权才显劣势。

在上面的例子中，客户放弃了金价涨到665.25美元以上的可能收益，同时换取了价格下跌时的一定补偿。因此卖出看涨期权通常被认为是一种谨慎和保守的交易策略，它更为关注对现有头寸的保护，而非在价格上涨时的资产增值。因此，这一期权交易策略适合将资本保全放在首位，而将投资的适度回报置于次要地位的投资者。

而卖出看涨期权的另一个特点是收益的确定性，即期权费收入。它属于投资者一旦建立头寸，就能够准确计算投资回报的少数投资方式之一。在充满不确定性的金融市场，这一特点就显尤为可贵。

除了未来收益的可能受限，卖出看涨期权另一个限制就是流动性风险。

由于需要将头寸冻结，投资者就要承担金价不断下跌的风险。而且无论金价下跌到什么程度，即使你预计金价还会大幅暴跌，你也无法将你的头寸平仓。作为目前唯一在内地开展黄金期权业务的中国银行而言，其交易规则规定了客户只能在期权到期日才能解冻头寸，因此客户在面对不断下跌的金价时，唯一的选择只能是买回相应的看涨期权做对冲。而在海外市场，投资者可以无须质押黄金头寸即可卖出看涨期权，即所谓的无担保卖出看涨期权，当然，这也是要承担相应的巨大风险的。

3. 卖出看跌期权

在投资过程中，卖出看跌期权可以确定投资者的建仓价格，同时获得一定的权利金。相对于等到价格回落时再买入的方式要占据一定的优势。

当投资者卖出看跌期权时，就需要承担按约定的价格买入一定数量黄金的义务。以中国银行的"两金宝"为例：如果客户卖出黄金看跌期权，则客户账户内的美元将被冻结，同时客户的美元存单将被质押在银行，在期权到期时，如果期权被行使，则客户账户上的美元将按行权价格兑换成纸黄金；如果未被行使，则客户账户内的美元将被解冻，并归还客户的存折或存单。

这里我们讨论一个利用卖出看跌期权获得目标价位的头寸，并减少投入成本的策略：假设金价位于630美元，投资者甲和乙都认为金价长期趋势看涨，但金价有可能在三个月后先跌到600美元甚至以下，而他们很乐意在600美元这一价格买入黄金建仓。但二者的投资策略有所不同，投资者甲静待金价的回落，不到目标价位绝不买入，而投资者乙还卖出了三个月期限，行权价在600美元的看跌期权。根据到期日金价的不同，我们来分析二者的投资结果对比。

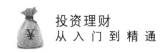
情况一： 三个月后，金价仍旧位于 600 美元以上，二者都未能以目标价位 600 美元买入黄金，但卖出看跌期权的投资者乙则因为期权不被行使，获得了额外的期权费收入，投资者甲却一无所获。

情况二： 期权到期时，金价跌到 600 美元以下，假设为 580 美元，投资者甲在 600 美元买入了黄金，而投资者乙因为期权被行使，也以 600 美元的价格买入黄金，但由于他获得额外的期权费收入，因此有拥有了比投资者甲更低的投资成本。

通过以上对比分析可以看出，不论哪种情况，卖出看跌期权可以让投资者以确定的价格建仓，同时额外获得期权费收入，相对于等待回落再买入的策略而言，其更有成本上的优势，而且能获得在计划落空时的额外补偿。

卖出看跌期权还有一个仁者见仁的问题就在于：由于执行期权的义务，其交易计划就显得不可更改。一方面我们可以将这当作严格遵守交易纪律的外在约束，另一方面它也缺少了市场状况变化时改变交易计划的灵活性。当然，投资者也可以通过买入相应的看跌期权作为对冲。

4. 买入看跌期权

买入看跌期权是投资者支付权利金，从而获得特定价格向期权出售者卖出一定数量的某种特定商品的权利。看跌期权买入者往往预期市场价格将下跌，比如说：金价跌破之前，投资者虽然没有办法确定趋势走向，但是可以确定任何一个跌破都会影响到趋势行情。所以，投资者就可以买入一份看跌期权，就等于是确定了一个最低的卖价，之后无论金价怎样波动都不会影响到其获得收益。

5. 跨式期权组合

跨式期权是一种较为普遍采用的组合期权投资策略，是投资者采用相同的执行价格，同时买入或者卖出相同的到期日和相同标的资产的看涨期权和看跌期权。从表面上看，这个策略无论涨跌都有机会盈利。原因是期权买方亏损有限的特性决定了，当行情上涨时看涨期权的升值会超过看跌期权的贬值，而当行情下跌时看涨期权的贬值却小于看跌期权的升值。

当然，这并不意味着买入跨式期权就稳赚不赔，这是因为，既然买入跨式的两个都是买入期权，那么也就不可避免地要加倍承受时间价值的流失。从到期损益上看，如果持有到期时行情涨跌没有突破损益平衡点，那么买入跨式就会亏损。我们知道标的物历史波动率与期权价格成正比，不难理解，买入跨式实则是看多波动率。如果行情波动减弱，市场就会觉得突破无望，后市可能是振荡行情，此时无论看涨还是看跌期权都有可能会贬值。

一般来说，投资者在金价大幅上涨的时候买入看涨期权，而在金价显著下跌的时候买入看跌期权。但是市场上的上涨或下跌并不能准确预测，这个时候投资者可以同时等量买入看涨期权和看跌期权两方面入手。这样不管是上涨还是下跌，终究不会影响到投资者的收益。这种投资策略相当于是一种双向保险。

纸黄金的投资方法与技巧

纸黄金又叫账面黄金，通过账面系统进行黄金的买入、卖出，从黄金价格的上涨中获得收益。与实物黄金相比，纸黄金的交易比较便利，交易过程不会发生交收和实金提取的二次清算交割行为，因此减免了黄金交易中的重量和成

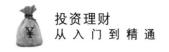
色鉴定的手续，这也就大大节省了黄金交割的操作时间，提高了交割效率。

纸黄金投资的起始门槛较低，如商业银行自有品牌的纸黄金业务，最低10克就可以进行投资，以目前的黄金价格计算，不到2500元就可以进行纸黄金投资。而上海黄金交易所的"账面实物黄金"最少100克就可以进行投资，需要的资金在25000元左右。

此外，纸黄金投资较为便捷，目前开办"纸黄金"业务的主要是银行。四大行中的中行、工行、建行，股份制银行中的招行、华夏、民生等都开办了这项业务。投资者只需携带本人身份证和对应银行的银行卡到营业网点开通贵金属交易账户即可，如果是已开通了网上银行的，也可直接在相应银行的网银上直接开通"贵金属"交易账户。

并且，纸黄金采取"24小时不间断"的交易模式以及T+0的交割方式，为上班族理财提供了充沛的时间。从纸黄金的上述特点来看，其较为适合黄金投资的入门选手。

不过，投资者需要注意的是，投资纸黄金时要考虑"交易费用"。因为银行同一时间的买入卖出价存在"点差"，这也就构成了纸黄金的"手续费"。比如，工行单边点差为0.35元／克，买卖合计为0.7元／克，银行赚取了这一差价，这也就是投资者的交易成本。

银行通常是参照交易所金价、市场供求情况及国际黄金市场波动等多种因素，再加上银行佣金来确定买卖双边报价的。不同银行的买卖点差略有不同，点差小说明银行从中收取的佣金少，点差越小，对投资者来说越有利，交易成本就越低。

现在，我国国内最主要的纸黄金投资类型有四种，即工行的"金行家"、中行的"黄金宝"、中信银行的"汇金宝"以及建行的"账户宝"。在投资纸黄金时，投资者要掌握以下买卖实操技巧：

1. 要设好止损点

和其他投资一样，进行纸黄金交易时要设置好止损点，这是规避风险的方法之一。目前，银行对纸黄金业务提供了委托交易服务，包括获利挂单、止损挂单和双向委托三种。

获利挂单：即自己设定一个高于实时牌价的价格，当银行牌价达到委托价格时，挂单自动成交，实现盈利。止损挂单：自己设定一个低于实时牌价的价格，当银行牌价达到委托价格时，挂单自动成交，从而限定最大亏损。双向委托：就是两个一起操作。例如，投资者是252.8元买入的，可以设置获利委托为256.8元，止损委托为250.8元，当金价涨或跌到委托价格时，即成交，从而防止亏损或实现盈利，对于没时间盯盘的投资者，一般都建议采用这个方式。

2. 找好交易时间点

纸黄金交易价格是根据国际金价时时变动的，一般来讲，其主要受欧美市场的影响较大，亚洲市场对金价的推动力量较小。因此，投资者不需要时时刻刻都盯着金价的变动，不过需要掌握一定的时间规律。对短线投资者来说，一般情况是白天买入，到晚上8时以后关注市场动向，因为这个时候是欧洲市场的下午盘和美洲市场的上午盘，是出货的好时机。投资者需要把握好以下几个时点，根据每个时间段的特点来选择适宜的交易时间点。

时点一：5时至14时行情一般很清淡。主要是由于亚洲市场的推动力较小所致。该时段多为调整和回调行情，而且还容易与当天的方向走势相反，例如若当天走势上涨，则这段时间多为小幅震荡的下跌。此时段内，若价位合适可适当入货。

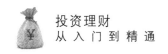
时点二：14时至18时为欧洲市场上午盘。欧洲开始交易后资金就会增加，且此时段也会伴随着一些对欧洲货币有影响力的数据的公布。该时段内，若价位合适也可适当入货。

时点三：18时至20时为欧洲的中午休息和美洲市场的清晨，较为清淡，此时段观望为宜。

时点四：20时至24时为欧洲市场的下午盘和美洲市场的上午盘，这段时间会完全按照当天的方向去行动，该时段是出货的大好时机。

时点五：24时至次日清晨为美国的下午盘，一般此时段已经走出了较大的行情，多为对前面行情的技术调整，宜观望。

中国炒金者拥有别的时差不能比拟的时间优势，就是能够抓住20时至24时的这个波动最大的时间段交易，这个时间段是下班后的自由时间，正好可以用来做黄金投资。

3. 把握好时点分批建仓

由于黄金交易有单笔交易成本，因此纸黄金投资次数不宜过于频繁，应以中长线为主。一般长线行情1~3个月有一次，波动幅度每克都在10~20元以上，有时候会超过40元。如果能够在低位或相对低位买进，分批建仓，都会有比较好的收获，一年能做好1~2波较大的行情，丰厚回报就可期了。

4. 及时把握投资信息

影响纸黄金价格的因素有很多，但最主要的还是信息因素。黄金市场的交易时间在全世界都是24小时不间断的，这就需要投资纸黄金的投资者要及时把握投资信息。现在投资者获取信息的渠道越来越多，如银行网点、财经类杂志、电视、网站等。

如何应对黄金投资的风险

巴菲特说："投资的第一条原则是不要亏损，第二条原则是牢牢记住第一条。"同其他投资产品一样，黄金投资也是有风险的，投资者面对金市这样一个迅速发展并成为热点的理财市场，风险意识显得尤为重要。黄金投资的风险主要有以下几个方面：

1. 外盘投资风险

相对于国内黄金市场，外盘黄金投资对工薪白领阶层很有吸引力，因为外盘可以全天交易，投资者不需要受上班时间的限制，但是外盘黄金投资往往暗藏风险，这些风险可能会让投资者进入炒金陷阱，从而蒙受经济损失。

第一，外盘黄金投资，这里指的一般是伦敦金，在国内并没有合法经营渠道，我国法律并没有允许国内普通投资者可以进行外盘黄金交易，也没有允许任何企业和法人组织可以代理外盘黄金投资，所以这种交易本身就是灰色地带，被称为地下炒金，一旦那些所谓的黄金投资公司或者理财公司出事，投资者的权益将无法得到保障。

第二，外盘黄金交易号称门槛低，交易方便，实则门槛很高，成本大。这种公司的交易手续费为8.3%，可见成本何其高，遇到黄金价格跌落起伏，每天动辄有十几美元以上的幅度来说，稍微操作不当就可能导致爆仓。

第三，客户资金不安全，存取不方便。由于普通个人没有投资外盘黄金

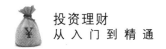

的资格和正规渠道，这些外盘黄金公司会要求客户通过这几种方式中的任意一种把钱交给他们。第一种，个人带着外汇现金到该公司，把钱直接交给公司；第二种，通过网上银行转账到他们指定的公司账户；第三种，到银行将外汇汇入他们指定的公司账户。而取出资金则需要跟公司事先通知。从这里不难看出，无论通过哪种方式，资金都不在自己掌控范围内，一旦将资金交给他们，则面临着无法追回的风险。因此，投资者千万不要被外盘美丽的外衣诱惑。

2. 实金回购风险

实物黄金的价值在于财富储藏和资本保值。进行实物黄金投资似乎更让人觉得"手里有货，心里不慌"。而如果进行实物黄金投资，还需要根据金价的波动，通过黄金买卖来实现盈利。

对于投资者来说，投资黄金的最大障碍就在于回购渠道的不畅通。据了解，国外的黄金回购量占总需求量的 20% 左右，但在中国，这个比例还是一个个位数。在国家统配统销的时期，所有黄金由人民银行来回购。但黄金市场开放以后，人民银行取消了这项业务。黄金回购成为一块"心病"。

中国黄金协会秘书长吕文元表示，黄金回购渠道不畅通是我国黄金市场化过程中出现的问题，需要一定时间和相关机构的努力来完善。就目前来看，要解决黄金回购这个问题，一方面需要国家政策上的一些支持，另一方面也需要一些金商做相关的推动。

3. 网络技术风险

网络交易的业务及大量风险控制工作均是由电脑程序和软件系统完成，所以，电子信息系统的技术性和管理性安全就成为网络交易运行的最为重要的技术风险。这种风险既来自计算机系统停机、磁盘列阵破坏等不确定因素，也来自网络外部的数字攻击，以及计算机病毒破坏等因素。

黄金投资同其他的投资方式一样，风险与回报并存，以上的风险只是其中的一部分，其他例如政府行为、战争、自然灾难、各国经济、汇率波动等都会导致本金和收益损失，投资者更要调整好心态，在面对巨大利润的同时，也要防范巨大的风险。

投资者参与黄金市场的过程，就是正确认识风险，学会承担风险，然后对风险进行规避的过程。在投资市场如果没有规避风险的意识，就会使资金出现危机，失去赢利的机会。那么，怎样才能真正地降低黄金投资的风险？以下几种方法非常值得借鉴：

1. 学会建立头寸、斩仓和获利

建立头寸，又称敞口或开盘，就是买进黄金的行为。选择适当的金价水平以及时机建立头寸是盈利的前提。如果入市时机较好，获利的机会就大；相反，如果入市的时机不当，就容易发生亏损。

斩仓是在建立头寸后，突遇金价下跌时，为防止亏损过高而采取的平盘止损措施。例如，以157元的价格卖入黄金，后来金价跌到到150元，眼看名义上亏损已达7元，为防止金价继续下滑造成更大的损失，便在150元的价格水平卖出黄金，以亏损7元结束了敞口。有时交易者不认赔，而坚持等待下去，希望金价回头，这样当金价一味下滑时会遭受巨大亏损。

获利的时机比较难掌握。在建立头寸后，当金价已朝着对自己有利的方向发展时，平盘就可以获利。例如，在145元买入黄金，当金价上升至150元时，已有5元的利润，于是便把黄金卖出，赚取利润。掌握获利的时机十分重要，平盘太早，获利不多；平盘太晚，可能延误了时机，金价走势发生逆转，不盈反亏。

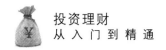

2. 多元化投资

从市场的角度来看，任何投资风险均由两个部分组成，一是系统性风险，指宏观的、外部的、不可控制的风险，如利率、现行汇率、通货膨胀、战争冲突等，这些是投资者无法回避的因素，是所有投资者共同面临的风险，其无法通过分散化投资消除的。另外一个是非系统风险，是投资者自身产生的风险，有个体差异。多元化投资可以在一定程度上降低非系统化风险，从而降低组合的整体风险水平。

新手炒金由于缺乏经验，刚开始时投入资金不宜全仓进入，因为市场是变幻莫测的，这样做风险往往很大，即使有再准确的判断力也容易出错。炒"纸黄金"的话，投资专家建议采取短期小额交易的方式分批介入，每次买进10克，只要有一点利差就出手，这种方法虽然有些保守，却很适合新手操作。

一般在黄金投资市场，如果投资者对未来金价走势抱有信心，可以随着金价的下跌而采用越跌越买的方法，不断降低黄金的买入成本，等金价上升后再获利卖出。

3. 采用套期保值进行对冲

套期保值是指购买两种收益率波动的相关系数为负的资产的投资行为。例如，投资者买入或卖出与现货市场交易方向相反、数量相等的同种商品的期货合约，进而无论现货供应市场价格怎样波动，最终都能取得在一个市场上亏损的同时在另一个市场赢利的目的，而且，套期保值可以规避包括系统风险在内的全部风险。

4. 建立风险控制制度和流程

投资者自身因素产生的如经营风险、内部控制风险、财务风险等往往是由于人员和制度管理不完善引起的，建立系统的风险控制制度和完善管理流程，对于防范人为的道德风险和操作风险有着重要的意义。

5. 树立良好的投资心态

理性操作是投资中的关键。做任何事情都必须拥有一个良好的心态，投资也不例外。心态平和，思路才会比较清晰，面对行情的波动才能够客观地看待和分析，减少情绪慌乱中的盲目操作，降低投资的风险率。并且，由于黄金价格波动较小，投资者在投资黄金产品时切忌急功近利，建议培养长期投资的理念。

第九章

实业投资，争做自己人生的主人

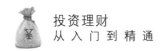
对自己熟悉的行业进行投资

  这是一个自主创业的时代，许多人心中都编织着创业的梦想，但在通往创业的路上并不是一帆风顺的，往往会面临许多困境，需要创业者一一去面对。创业也要遵循最基本的投资法则，最重要的一条就是控制风险，千方百计地提高胜算。而面对复杂的投资环境，最大的风险不是其他，而是"不熟悉"行业。因此，创业者最好集中精力从自己熟悉的行业做起，这样更有利于资本的原始积累和公司更加长久、稳固的发展。

  每个行业都有自己的核心内容，如果不熟悉就掌握不了这些东西，公司也就丧失了核心竞争力。因此，从事实业投资的人，尤其是初次创业者一定要坚持不熟不做的原则。不过很多创业者虽然知道这个道理，但在选择投资行业时往往只凭个人喜好或商业行情走，觉得自己喜欢，或者那个项目很热门，似乎很赚钱，就会把它当作投资目标，根本不考虑自己对那一领域、那一行业是否熟悉，从而造成创业失败。

  百度公司创始人、董事长兼首席执行官李彦宏在分享创业经验时指出，创业要专注于自己的领域，并且要有前瞻性的眼光要向前看两年。

李彦宏称，他创业之初美国IT界最火的是电子商务，无数人涌入了这一行业。但他没有跟随大流进入电子商务领域，而是选择了自己比较熟悉的且少有人问津的网络搜索领域。当时，曾有不少人鼓动他向网络游戏、短信等领域涉足，但李彦宏并没有这样做。在他眼里，自己的公司，自己的领域还有很深的潜力可以挖掘，自己目前要做的只是将搜索这一个领域不断翻新。并且，李彦宏说："在今后的若干年，百度也将只在搜索领域发展，因为我对这一行业比较熟悉。"

李彦宏的创业经历说明，一个人只有在熟悉的领域发展，才有可能取得丰硕的果实。只有做自己熟悉的事情，才能更好地引领行业发展，获得最大的成功。要知道，任何一个项目都不是短时间内可以掌握的，不要把一个行业想得太简单，不懂就不要着手去做，相关的行业经验非常重要，如果你对某个领域不熟悉，无论别人赚多少钱都不要去跟风，你跟风可能就是做别人的垫脚石。

中国有句俗话叫"隔行如隔山"。尽管社会生活中的各行各业是紧密地联系在一起的，但是每个行业之间存在着许多你看得见与看不见的隔阂和区别，每个行业都有其自身的经营之道。所以，无论你是久经商场，还是初出茅庐，如果你这次创业要涉足一个你自己并不熟悉的领域，一定要慎之又慎，绝对不能盲目从事。所谓的"量体裁衣"说的就是这个道理。

创业要在稳健中求发展，在做任何一项投资前都要仔细调研，自己没有了解透、想明白前不要仓促决策。有很多人觉得自己创业失败是因为运气不好，事实上往往是离开自己熟悉的领域，涉足那些热门的、流行的领域想要"一夜暴富"，那是很不切合实际的想法。比如，很多人看到网店红火就跟风在网上开店卖服装，一些人就想当然地认为自己绝对有实力做服装生意，但

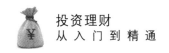
是等真正开起了服装店，却发现什么都不懂，尺码到底怎么划分，当下的流行款式是哪些等都不了解，这怎么可能赚得到钱呢？

创业是一门大学问，需要我们去扬己之长避己之短。所以，选择自己的创业行业时，一定要考虑自身的情况，千万不可冒冒失失，一头扎进自己不熟悉的领域而不能自拔。例如，你擅长某一行业，那么，你就不要强求自己去隔行创业，因为你即使做了恐怕也难有收获，除非你有一个特别好的项目。从另一个角度讲，即使你的工作环境与你的自身优势和你的优点暂时有所不合，你这时候仍可积蓄自身的潜能，力求在本职工作中闯出一个可以扬己之长避己之短的小环境来。

标新立异，做独具匠心的产品

在大众创业万众创新的时代主题下，怀揣才华和梦想的年轻人们前赴后继地投入到创业热潮中。创业的百花园一时间红绿攒动，各种新奇的创意交相辉映，令人目不暇接。创业要有创新精神，要标新立异。

古人曾经总结过做生意的十二字诀，"人无我有，人有我优，人优我特"。这说明创业一定要做到独特，不能人云亦云。亦步亦趋，永远跟在别人的后面是创业最忌讳的。创业者要想财源滚滚，首先必须标新立异，吸引住顾客，靠什么吸引顾客呢？靠在经营上以独特的个性和少见的手法，靠在经营商品的新奇与稀有。下面的例子便是很好的证明。

说起黄贵银，可能知道的人不多，可一提起新肤螨灵霜等独特的系列除

小买卖也能做成大生意

在商场上，创业需要脚踏实地，对准目标，一步一个台阶前进。好高骛远是创业的大忌，那种不顾自己的技术、资金、经济等方面的状况，不能"量体裁衣"，盲目地轻小贪大者，到头来，往往就像狗熊掰玉米一样，落个两手空空。

"勿以善小而不为，勿以恶小而为之"，创业同做人做事一样，切忌浮躁，需要从小做起，因为任何一个项目或公司只能在充分积累后才能获得可持续发展。尤其是对于初次创业者来说，资金比较紧张，他们没有钱或是本钱小，根本无力从事汽车、钢铁、石油等需要大规模投资的产品生产，但如果能够从身边的小生意做起，逐步发展壮大，也不失为一条良策。只要善于经营，小生意也能做成大市场。

闻名于世的佛勒制刷公司，其老板佛勒在其创业之初同其他人一样面临着究竟应该从事哪一种行业的选择。没有钱，这是他首先碰到的问题，也是他最头痛的问题。他选择制刷这个小本小利的行业之前，也曾有过思想的起伏，当他到波士顿借用他姐姐的地窖做临时工厂时，他的姐夫向他提出了警告。

"干什么不行，怎么做起刷子来？"姐夫说，"这玩意儿利润太小，而且销路也有限，一把刷子能使用很长时间，谁家会没事天天买刷子？"

"我何尝不想做大生意，赚大钱呢？"佛勒显得无可奈何的样子答道，"可

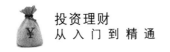

我的本钱只够做这种小生意。"

"不过，我还是劝你三思而行，把钱都投在这不赚钱的买卖上是否值得。"

"我认为，生意不在大小，在于怎样经营。刷子虽小，但每家必备，只要我经营有方，我相信我一定会成功的。"

最终，佛勒选择了制刷这个小生意，也因此走向了成功。

在这个世界上像佛勒一样从小做起而成功的商人不计其数，比如，被誉为日本的"摩托车大王"本田宗一郎。

本田宗一郎在和松下幸之助谈起成功历程时说："先有一个小目标，向它挑战，把它解决之后，再集中全力向大一点的目标挑战。把它完全征服之后，再建立更大的目标，然后再向它展开强烈的攻击。这样苦苦搏斗数十年，这样辛辛苦苦从山脚下一步一步坚实而稳定地攀登，我就成为全世界的摩托车大王了。"

同样，松下说："我也是从做小生意勤勤恳恳，才奠定下现在的基础的。我常对员工们说：想从事大发明必须先从身边的小发明入手，想做大事必须从身边的小事做起。"

本田由一家小小的摩托维修部发展成享誉世界的国际品牌，而松下由小小的电源插头，发展成全国著名的电器品牌，他们均是由小生意做起。众多事例说明，创业者要想赚钱，在经商营利中，就要能从小做起，千万不要看不起小生意，要善于积少成多，扎扎实实，埋头苦干，这样，才能创出一番不俗的事业。

创业者应该记住这么两句话：积土成山，风雨能兴；积水成渊，蛟龙能生。古往今来，靠"捡芝麻"竞争术，经营者们走出了一条又一条成功的发家之道。马云无疑也是其中的一个典型代表。

1999 年初，开阔了宏观视野的马云返回杭州，进行二次创业，他决定介入电子商务领域。

采用什么模式？当时全球互联网所做的电子商务，基本上是为全球顶尖的 15％的大企业服务的。但马云生长在私营中小企业发达的浙江，深知中小企业的困境，他毅然做出决定："弃鲸鱼而抓虾米，放弃那 15％大企业，只做 85％中小企业的生意。"

"如果把企业也分成富人穷人，那么互联网就是穷人的世界。因为大企业有自己专门的信息渠道，有巨额广告费，小企业什么都没有，他们才是最需要互联网的人。"马云要做的事就是提供这样的一个平台，将全球中小企业的进出口信息汇集起来。

就这样，1999 年 9 月，马云的阿里巴巴网站横空出世，立志成为中小企业敲开财富之门的引路人。当时国内正是互联网热潮涌动的时刻，但无论是投资商还是公众，注意力始终放在门户网站上。马云在这个时候建立电子商务网站，在国内是一个逆势而为的举动，在整个互联网界开创了一种崭新的模式，被国际媒体称为继 Yahoo、Amazon（亚马逊）、eBay 之后的第四种互联网模式。阿里巴巴所采用的独特 B2B 模式，即便今天在美国，也难觅一个成功范例。

创业是一个艰辛的过程，初次创业不要急于求成，不要一开始把目标和期望定得太高，也不要给自己太大的压力。要从小生意做起，逐步积累经验，寻找适合自己的创业项目，逐步做大做强。小公司、小商业、小产品或者别人不去注意的小领域，经营灵活，应变力强，只要创业者能够从繁杂的消费行为中，善于抓住消费苗头，发明、生产、销售出新颖别致、一物多用、便利的小产品，去适应和创造出新的消费需求，便可进入宽阔的疆场，拥有无限的天地。

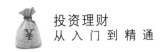
把握好创业的机遇

对于每个创业者来说，能否把握机遇具有至关重要的意义。机遇如同催化剂，没有机遇的催化作用，事情多半难以成功。当创业者具备创业的基本条件时，只要有市场需求的地方，就存在机会。创业者只有及时、准确地认识并把握住机遇，才能在创业的过程中赢得事业的成功。

作为创业者，既要发现与认识现实环境所存在的机遇，又要能够适时利用现有环境抓住发展的机遇。现实中存在诸多机遇，只有把握机遇的人才能取得成功。马云正是因为把握住机遇从而创业成功。

1995 年，马云下海创办海博翻译社。因为帮助杭州市政府和美国一家公司谈高速公路的合作，在美国谈生意的马云第一次接触到了互联网。

"Jack，这是 Internet，你可以输入任何字查询。"西雅图的教师朋友跟马云说。担心把电脑弄坏的马云战战兢兢地输入 beer（啤酒），结果出来一堆德国、美国啤酒资料，他又输入 China（中国），却显示 nodata（查无资料）。马云又敲了一个 Chinahistory（中国历史），在雅虎页面上出现了一个 50 个字的简单介绍。马云觉得这个很有意思，但怎么会没有中国的东西？于是马云就问这个朋友，你这个东西怎么用？朋友告诉他说做一个 homepage（主页），你就可以把东西放到网上去，放到搜索引擎里去。

马云灵机一动，请朋友做了一个杭州海博翻译社的网页，结果短短 3 小时，就收到 6 封电邮要求提供进一步资讯，这让马云嗅到了网络商机。

虽然不懂互联网也没有喝过洋墨水，但此时的马云通过对信息的敏锐感知和当时身处美国的李彦宏、张朝阳同期感受到了互联网的魅力，也帮他打开了电子商务的大门。

马云的创业史说明，把握机遇很重要。法国著名艺术家罗丹说："生活中不是缺乏美，而是缺乏发现美的眼睛。"机遇产生于纷繁复杂的现实生活之中，但很多人往往缺乏发现机遇的能力。那么，如何发现机遇呢？

在信息化时代，信息就是我们经商的基础，所以，捕捉信息，就等于捕捉到了成功的机遇。事实上，在现实商业活动中，像马云这样通过信息捕获商机的成功者举不胜举。

金娜娇，一个具有传奇色彩的人物。她的传奇人生在于她由一名曾经遁入空门，卧于青灯古佛之旁，皈依释家的尼姑而涉足商界，最后还成了京都龙衣凤裙集团公司总经理，下辖9个实力雄厚的企业，总资产已超过亿元。也许正是这种独特的经历，才使她能从中国传统古典中寻找到契机；又是她那种"打破砂锅"、孜孜追求的精神才使她抓准了一次又一次创业机遇。

1991年9月，金娜娇代表新街服装集团公司在上海举行了隆重的新闻发布会，在返往南昌的回程列车上，她获得了一条不可多得的信息。

在和同车厢乘客的闲聊中，金娜娇无意中得知清朝末年一位员外的夫人有一套服装，分别用白色和天蓝色真丝缝制，白色上衣绣了100条大小不同、形态各异的金龙，长裙上绣了100只色彩绚烂、展翅欲飞的凤凰，被称为"龙衣凤裙"。金娜娇听后欣喜若狂，一打听，得知员外夫人依然健在，那套"龙衣凤裙"仍珍藏在身边。虚心求教一番后，金娜娇得到了"员外夫人"的详细住址。

这个意外的消息对一般人而言，顶多不过是茶余饭后的谈资罢了，有谁

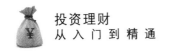

会想到那件旧衣服还有多大的价值呢？知道那套"龙衣凤裙"的人肯定很多很多，但究竟为什么只有金娜娇才与之有缘呢？对于一个人来说，无论什么样的机会摆在面前，如果没有行动，就不可能赢得任何机会。

金娜娇得到这条信息后心更明眼更亮了，她马上改变返程的主意，马不停蹄地找到那位年近百岁的员外夫人。对于服装有潜心研究的金娜娇看到那套色泽艳丽、精工绣制的"龙衣凤裙"时，也惊呆了。她敏锐地感觉到这种款式的服装大有潜力可挖。

于是，金娜娇来了个"海底捞月"，毫不犹豫地以5万元的高价买下这套稀世罕见的衣裙。机会抓到了一半，开端比较顺利。

当然，这还仅仅只是一个机遇，一个偶然，如何才能使其变为现实呢？回到厂里，她立即选取上等丝绸面料，聘请苏绣、湘绣工人，在那套"龙衣凤裙"的款式上融进现代时装的风韵。功夫不负有心人，历时一年，设计试制成当代的"龙衣凤裙"，一款新式服装开发出来了。

在广交会的时装展览会上，"龙衣凤裙"一炮打响，国内外客商如潮水般涌来订货，订货额高达一亿元。

就这样，金娜娇从"海底"捞起一轮"月亮"，她成功了！从中国古典服装出发，开发出现代型新式服装，最终把一个"道听途说"的消息变成一个广阔的市场。任何成功都不是偶然的，成功的机会在于挖掘，即使是一条不起眼的信息，也可能蕴含无限的商机。

在现今这样一个充满机遇的时代，社会竞争是极其残酷的，这就给创业者在带来诸多创业机遇的同时也存在着竞争与挑战。如果你能够率先比其他人发现这一机遇，并能够及时地把握这种机遇，这就将有效增加创业的成功概率。正是由于不同的人对于机遇的认识和把握各不相同，才造成了不同的结局：愚者抛弃机遇，弱者错过机遇，强者抓住机遇，勇者抢占机遇，智者创造机遇。由此，在现实社会生活中，机遇总是留给有准备的人。

和互补型合伙人一起创业

对于很多创业者而言，创业之初最大的难题是资金问题。虽然依靠自有资金起步是最稳妥的办法，但自有资金通常非常有限，往往会制约创业者创业的步伐。其实，当你有一项好的投资计划而苦于资金太少时，何不尝试去筹措资金呢？

一个创业者要想成就梦想，一个成功的、成长型的企业要壮大，最终是需要外部资金来推动其快速成长的。因此，筹措投资资金是最关键的一点。而在众多的筹集资金的方法中，找个互补型合伙人是一个不错的选择。

大众创业、万众创新的时代，公司与人的关系已经从单纯的资本雇佣关系转向共创、共享、共担的合伙联盟关系，合伙人的时代已经到来。大型成熟公司将高潜力员工发展成为合伙人以保持企业的活力，如万科合伙人计划；而创业公司更是需要寻找到卓越的合伙人以实现公司的生存和突破。

在创业初期，一个人的力量是有限的，就像电影《中国合伙人》中，成东青一个"土鳖"的能力不足以支撑新梦想的发展壮大，他需要孟晓骏对签证环节以及企业运营的知识，需要王阳对美国文化的精通了解。所以，选择正确、可靠的合伙人很重要。但有些创业者心里往往很难接受比自己能力强的人才，其实，要试图寻找比自己更优秀的人才，最好是在某些方面比你优

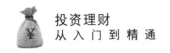
秀的人，这样才能实现优势互补。

新东方联合创始人、真格基金创始人徐小平在"初创企业合伙人"演讲中表示，合伙人非常重要，失败的企业，绝大部分都有共同的特点，或者是做得非常艰难的企业有一个共同的因素，就是他们的创始人里只有一个老大，没有老二、老三，没有占两位数的合伙人。这是非常惨痛的教训。

徐小平说："合伙人的重要性超过了商业模式和行业选择，比你是否处于风口上更重要。"他认为，对于一个初创团队而言，是否拥有合伙人是值得投资与否的重要指标。如果只有一位创始人，常常会遭到"一票否决"。此外，创始人在股权分配上要更加慷慨，不能只考虑自身利益。

徐小平举例称："我们曾经投了一个电商。它的创始人做互联网，另一位联合创始人做供应链。按我的理解，股权分配应该是五五开，六四开，至少也得是八二开。结果后来项目失败了，我看了一下，联合创始人只拿了1%的股份。"

徐小平认为，一个创业公司，如果没有联合创始人一定成功不了；应该有多位合伙人，甚至是两位数的合伙人。

投资者在投资过程中，既要讲独立，也要讲合作。适当的合作可以弥补双方的缺陷，使弱小企业在市场中迅速站稳脚跟。假如创业者不顾实际情况，一门心思单打独斗，就很有可能延误企业的发展。

合伙创业的优点是很明显的，但关键是要找到一个合适的合伙人。那么，如何挑选合伙人呢？

第一，良好的人品最重要。具体体现在对伙伴的理解、包容、支持、信任与正面的鼓励。不能因为一点小小的困难而抱怨、指责、不理解、甚至是动不动就嚷嚷着要散伙。既要做到同舟共济，也要做到雪中送炭。

第二，理念一致。团队中成员对项目有着一致的看法，对产品定位、市场竞争、运营策略、发展战略等问题都有着相同的思路，这样才能有足够的信心和动力把项目运作起来。

第三，互补性强。表现在团队中每个人的工作能力、专业背景、性格、社会资源甚至年龄等各个方面能否互相补充，大家各有所长，合理分工。

第四，踏实、肯干。能够一起吃苦创业的伙伴，这才是你所需要的。而那些所谓有着大型跨国企业、国际顶尖投行、海外名牌高校背景的人，有些是华而不实，不肯低头认真做事，却拿着高昂的薪水。

即使你现在找到你想寻找的合伙人，但往往没有那么容易说服他加入你的合伙人团队，卓越的人才倾向加入卓越的团队，要吸引到卓越合伙人，首先创始人必须是能得到合伙人认同的，能够相信创始人的事业愿景，被创始人的人格魅力所吸引。

比如，当问蔡崇信为什么要放弃百万美元年薪而选择阿里巴巴时，他说："阿里巴巴特别吸引我的第一是马云的个人魅力；第二是阿里巴巴有一个很强的团队。1995年5月第一次见面在湖畔花园，当时他们有十几个人。第一感觉是马云的领导能力很强，团队相当有凝聚力。如果把阿里巴巴这个团队和其他团队作比较，这个团队简直是个梦之队，这里有一些做事情的人，他们在做一件让我感觉很有意思的事情。做这个人生重大抉择时，没有非常理智的依据，更多地来源于内心的强烈冲动，我喜欢和有激情的人一起合作，也喜欢冒险！所以我就决定来了，如此而已。"

其次，用事业愿景或者是梦想吸引合伙人，马云用要创办世界上最伟大的互联网公司这一梦想吸引了甘愿每月只拿500元的精英人才，让天下没有难做的生意这一使命激励更多的合伙人去奋斗，如果只能用钱才能吸引到的合伙人，那至少一定不是创业阶段需要的合伙人。

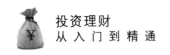
第三，合伙人是要有共创、共享、共担精神，创业阶段吸引合伙人的重要法宝就是股权激励，初创企业由于现金压力、盈利能力等原因不太能提供高额的薪资水平，以股权为代表的未来收益保障就成为吸引和绑定优秀合伙人的重要手段，同时，创始人也可以用股权来使合伙人有更强的企业认同感、归属感，传达共创、共享、共担的精神。

避开实业投资的五大误区

在实业投资的过程中，做决定之前，一定要从方法、思维、技术等方面入手，细致分析，回避投资的误区，减少投资的风险。

1. 投资项目过于单一

由于资源和资金的集中，单一投资在项目选择正确的情况下，常常会给企业带来好的收益。但单一投资的风险也是显而易见的，假如在营业过程中出现失误，就可能使投资者多年积累起来的财富毁于一旦。

形象地讲，投资过于单一，就像把所有鸡蛋放在同一个篮子里，一旦篮子打翻，鸡蛋也就全部摔破了。而由多项目构成的组合性投资，可以大大减少单一投资所带来的投资风险。作为一名缺乏经验的创业投资者，在进行投资决策时，一定要尽可能拓展投资思路，培养多角化投资思维方式，保持投资项目的多元化，并注意在项目与资金之间达成平衡。

2. 投资规模过大，资产负债比率过高

在经济增长迅速的时候，人们容易对未来估计过于乐观，将风险最小

化，从而投入大量资金，容易形成投资泡沫，一旦市场不景气或国家政策有变化，泡沫就会迅速破灭，投资者此时就会陷入危局和困境。

因此，投资者应从风险与收支平衡的角度考虑企业的投资导向，在选择合适的投资项目的时候，将投资规模控制在适当的范围内。在具体投资时，应将资金分批次、分阶段投入，尽量避免一次性投入，应留有余力，以防万一环境变化，风险发生，手中再无资金可以周济，以致满盘皆输。

3. 过度相信他人，不亲自进行市场调查

创业者在开店之前，一定要做好市场调查，对需调查的内容进行全面仔细的考虑，深入实地的考察，以摸清楚相关情况，做到胸有成竹。但有些创业者只是道途听说，或者对亲密朋友的意见过度信任，认为朋友的话即代表了市场的真相，自己无须再对市场进行调查，从而导致投资失败。

投资者在做投资决策时，不要随便相信他人的建议，一定要亲自进行市场调查。市场调查的内容如下：

（1）全面调查开店的可能性。主要内容包括：本地区的市场特性，本地区的消费特征。应侧重调查开店预定营业额的估算及决定商店规模的参考因素。

（2）深入研究该地区消费者的生活形态。主要内容应包括：深入分析消费者生活形；设定商店格调的基础资料，该资料在商品与整体营业的决定中可作为参考。调查主要应侧重在商店结构、价格、与促销方法等方面。

（3）相关结构的调查。其主要内容包括生活结构、都市结构、零售业结构。生活结构的调查，重点在于经营辐射区内人口结构、家庭结构、收入结构、消费水平、购买行为。都市结构的调查，重点在于经营辐射区内的交通、繁华地段、各项都市技能的调查以及都市未来发展规划的预测。零售业结构的调查，重点在于经营辐射区居民购买动向、行业构成、商店构成以及

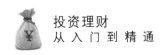
大商店的销售动向。这三种结构的调查是关系市场调查能否成功的关键因素，因此应作为重点对象。

值得注意的是，经营辐射区内消费能力、购买水平及竞争商店的营业状况都会在市场调查的资料得到体现。这样就能以此为依据，制定商店整体经营策略、经营利润计划、设备配备计划，融资计划等各种规划。

4. 急于获取回报

创业者在初涉投资时，易受眼前利益驱动，而忽视长远利益，采取急功近利的短期行为，这样做虽然能够使企业一时获利，却丧失了长远发展的后劲。投资是一项系统工程，创业者要克服急功近利的思想，更不可杀鸡取卵。一个人若急功近利，就会滋生出赌徒般的心理。丧失了理性的思考分析，更容易被高收益、甚至是骗局所诱惑，在投机心理下，不少人上当受骗，损失惨重。

5. 把收入看得比客户还重

在创业时，若过分注重利润而忽视客户就会导致失败。因此，投资者永远不要把收入看得太重，更不能把收入放在客户前面。当然，这并不是说创业者不重视收入，但是相对于客户资源而言，赚钱更简单些，因为只要有客户，公司总有机会实现盈利。

创业时，你要抓住自己的核心价值，然后去获取客户。你不仅要去验证自己的想法能否带来销量，还要验证自己的产品能否真正改变人们的生活。一旦客户对你的产品有需求，他们就会愿意掏钱购买。如果客户根本不愿意花钱购买你的产品，那商业计划做得再好也没用。

还有一点需要注意，不要疯狂打广告。因为对任何科技产品来说，客户更看重的是产品体验，而不是天花乱坠的广告效果。如果你拥有优秀的产品体验，客户就愿意花钱买单。

第十章

网上理财，做互联网金融时代的宠儿

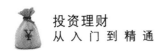
P2P 网贷投资技巧

2012 年，基于互联网而起的 P2P 网贷金融业务开始进入寻常百姓家。P2P 网贷是指投资人通过网络借贷平台将资金借给有资金需求的借款者，并在到期之后收取本金和利息。P2P 网贷是一种直接借贷关系，实现资金供需双方跨人群、跨地区的快捷匹配，降低借贷交易成本，同时能够覆盖传统银行难以企及的借款人，也为草根投资人提供了一种低门槛的理财途径。

在 2013 年，P2P 网贷平台遍地开花。平台数量达 523 家，同比增长 253.4%。全行业成交额规模达 897.01 亿元，同比增长 292.4%。这一年，监管部门的积极参与、调研、媒体的频频报道、央行对 P2P 网贷行业的划界，都给予网贷行业积极的信号。而多家 P2P 公司获得巨额融资，资本的大举进入标志着网贷行业将继续高速发展，行业竞争将更加剧烈。与此同时，2013 年共有 75 家问题平台，也让平台以至全行业的公信力受到质疑。因此，投资者在通过 P2P 网贷投资理财时要谨慎。

P2P 网贷投资理财，除了要寻找一个安全的平台外，还需要掌握一定的投资理财技巧。

1. 如何选择网贷平台

随着越来越多的网贷平台上市，投资人在注重"P2P平台的收益率"的同时，也开始注重"P2P平台的安全性"，找一家靠谱的平台进行科学投资，成为这个阶段P2P投资人共同的心声。究竟该如何挑选优质的P2P平台呢？投资人在挑选平台时应该重点关注哪些方面，才能最大程度地避开雷区呢？

（1）警惕业务模式复杂的平台

投资人在投资之前要先判断项目的真实性。当然，能否准确有效地判断标的真实性，往往取决于投资者对该项目的认知程度有多高。因此，投资之前应先清楚项目背后的业务模式，看不懂标的不要投。在金融经营过程中，隐藏在项目背后的不仅是业务逻辑、产品原理，更体现着资金去向、资金用途等关键信息，这就意味着对业务模式的有效判断在投资决策中就显得尤为重要了。

（2）观察平台的信息披露情况

信息披露一直是P2P行业的核心问题，也是监管层对P2P规范发展的基本要求之一。例如中国互金协会对会员单位下发的《中国互金协会出台P2P信披标准（征求意见稿）》和《中国互联网金融协会互联网金融信息披露自律管理规范（征求意见稿）》，首次定义并规范了86项披露指标，虽然只对协会成员具有约束作用，但对于推动整个行业信披体系的建设仍是具有正面意义的。

（3）警惕宣传包装过度的平台

P2P平台本身的盈利空间其实并不像很多人所想的那样大，往往平台给到投资人的年化收益率都在12%左右，仍然有很多人认为平台还存在着巨大

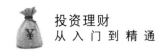

的利润空间。其实不然，按目前的行业情况来说，绝大多数平台依然处于不盈利或者亏损的状态，因此，假如平台以高收益率来宣传自己，那么投资者就需要谨慎了，高收益往往与高风险并存。

(4) 团队从业经验比背景更重要

理论上说，背景无法替一家 P2P 平台承担所有的风险，无论是国资注入还是明星代言，都不能代表这家 P2P 平台百分百安全，从之前的爆雷历史来看，爆雷不分背景，任何背景的平台都有可能爆雷。

与其看平台背景，不如看创始人及核心团队的从业背景，是否具有多年金融从业经验、是否知名金融院校毕业、是否有知名金融案例、是否有知名金融机构任职经历，而这一切，都关乎投资者的资金安全。

(5) 平台的运营时间很有参考意义

平台运营时间越长，平台的安全性越高。这就像广为流传的"通过手机号看人"一样，一个人多年不换号，说明这个人社会关系很稳定，没有债务危机，可信度也就比较高。

据网贷之家数据显示：2015 年倒闭的 700 多家 P2P 平台中，近 600 家运营时间不到一年。很多违法平台，都没有足够的时间和投资人"玩"，一般会在短时间内吸纳资金，携款跑路或清盘，为了满足"捞一笔"的最终目的，这类平台通常喜欢把重头放到"营销"上，而不是踏踏实实做好产品，出手阔绰请明星代言、在各种权威载体上进行广告宣传、聘请美女或只注重忽悠而没有专业知识的"理财师"是这类平台常用的手段。

2. 网贷投资技巧

网贷理财是目前最炙手可热的理财方式，越来越多的投资人开始重心偏移向互联网理财平台。网贷理财之所以在短短的两三年挤进主流的理财圈，因为操作简单、收益率高、流动性强、资金灵活，使其迅速拥有大量的粉丝。然而，技术发展带来的操作便利，不等于风险会因此而降低，任何投资理财都伴随着风险，网贷理财也不例外。

（1）学习行业知识，打好理财基础

网贷理财能如此广泛被人们接受，不需要非常专业的金融知识便是主要原因之一。不需要过多的金融知识并不意味着投资人不需要学习基本的网贷知识，起码最基本的网贷专业术语要了解。投资人可以自学，也可以浏览相关的网贷论坛或网站，如网贷之家、网贷天眼之类，甚至可以加入一些网贷理财为主的讨论群，学习基础的理财技巧。

（2）平台外观与体验度很重要

一个网贷理财平台的网站设计是否美观，用户体验度优良状况，这些都是能够侧面反映出平台是否正规，也能大致判断一个平台的可靠度。如果一个平台网站设计得乱七八糟，毫无任何美观可言，这种平台90%可能就是雷。当然，网站设计得非常好，也不意味着其一定安全可靠，但至少是正规平台的概率要大得多。

（3）平台风控是否健全

投资人在选择网贷理财平台时，一定要先考察该平台的风控是否健全。如果是纯信用借贷平台，平台对借款人的初审、面审、实地考察等一系列的贷前审核是否完善，从审核的专业度可以判断出平台风控团体的专业性；如是抵押平台，还要注重平台对于抵押物的保值评估以及流动性，以及平台处理抵押物的能力。

（4）初次要小额投资

网贷理财健全的理念、技巧以及经验在短时间内是难以形成的，这是一

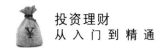
个长期地不断实践与学习才能达到的水准。所以，在刚开始投资时，投资人还是主要以小额为主，因为这样即使选择失误也不会伤筋动骨，然后在不断的尝试与交流中进步，树立正确的网贷投资理念与独到的挑平台眼光。

（5）平台借款人优质程度

从某种意义上来说，借款人是否优质直接反映了平台的风控水准，因为项目最重要的还是借款人的还款能力，优质借款人很大程度上降低投资风险。网贷平台如能做到每笔借款都是小额的、分散的，那么就能在一定程度上防止因某一个借款人的逾期、坏账而导致资金链的断裂。

（6）有条件可实地考察

假如投资人条件允许的话，还是建议对 P2P 网贷理财平台进行实地考察，可以更好地深入了解平台运营情况，如基本经营证件、团队人员组成以及专业水平、借款业务资料是否齐全等，这些实地获取的信息是非常有价值的。

以上六点只是 P2P 网贷理财常识而已，需要学习的还很多，当然对新手来说是非常重要的。此外，投资人在进行 P2P 网贷理财时，还要尽可能的关注行业动态，做好第一手资讯的获取。

众筹，新投资模式的开启

众筹，即大众筹资或群众筹资，众筹投资其实就等同于一种融资行为，或者对于投资者而言与贷款的性质有些相似。主要是投资者将资金借给公司或企业及个人，用于发展某产品或某商业计划，在成功之后，投资者能够获得一定金额的回报。但是众筹投资一样存在风险，而且这种风险绝对不亚于一般投资产品，所以投资者在投资众筹的时候必须小心谨慎。

1. 众筹有哪些种类

在我国，众筹主要有两种模式：一种是产品预售，另一种是股权众筹。很多知名众筹网站其实都是做非股权众筹的，这种模式中参与者花钱购买的并非公司股权，而是一个产品期权。国内第一家众筹平台"点名时间"成立于 2011 年 7 月，做主要业务方向就是产品预售。这与美国著名众筹网站 Kickstarter 业务类型非常相像。此后成立的追梦网也是产品预售类网站的代表。但是，同样是产品预售，每家网站也都有自己擅长的领域。

点名时间更像是一个概念产品库，上面充满了各种新奇的数码产品，这些产品也并非只有一个 idea，很多产品已经完成了最初的设计、打磨具以及用户测试等环节，只是尚未开始量产。而追梦网则更加小文艺、小清新，打开追梦网的首页，有电影拍摄的筹资、主题潮流 T 恤的预售、原生态薏米的预售。

股权众筹的基本模式就是在互联网上兜售股份，募集资金，一般股权众筹的流程是：创业者在众筹平台上发布自己的创业项目—投资人通过平台投资项目并获取股权—投资人取得回报。天使汇、爱创业都是这类网站的典型代表。

在爱创业上有各种创业企业产品、团队、创意的介绍，这些介绍都只展示给已经经过验证的投资者，如果投资人有兴趣进一步了解项目的话，还可以参加爱创业每月举行一次的实地项目路演，跟创业者进行交流。最后再决定是否投资。

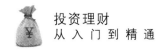
2. 如何进行众筹

众筹的门槛相对较低。一般一个产品的价格从几十元到几百元，相当于是缴纳产品的预付款。只要你对产品感兴趣，就可以投上一笔资金，接下来就是等待产品完成之后寄送到你的手中了。而股权众筹则不同。为了确保投资人有相应的风险承受能力，平台一般都会对投资人设置一些门槛。

由于众筹的模式中会由多个小额分散的投资人投资一个项目，要创业者接受所有投资者的咨询和调查，将耗费大量的精力。所以众筹网站往往会实行"领投 + 跟投"的制度。这种制度最早是由国外著名的股权众筹平台AngelList 采用的，其实就是选出一位具备资金实力、投资经验或者某方面专业技能的人做领投人，负责协调投资人与项目之间的关系。

以国内的平台为例，爱创业的模式中只有专业的风险投资机构能够充当"领投人"。天使汇对"领投人"的规定是"在某个领域有丰富的经验，独立的判断力，丰富的行业资源和影响力，很强的风险承受能力；能够专业地协助项目完成 BP、确定估值、投资条款和融资额，协助路演，完成本轮跟投融资"。

由于其拥有专业的技能，并且付出了相应的劳动，领投人也将获得比跟投人更多的收益。这种回报方式类似于传统的基金分成，最终回报中的10% ～ 20% 会被分配给领投人。对于跟投者，网站一般会确认其风险承受能力，并有一定的最低投资额限制。

爱创业会要求跟投者签订一份风险承诺书，确保跟投者了解其中的风险，同时设定了最低 3 万元、最高为项目募集资金总额的 30% 的限制。

3. 众筹的收益

参与产品众筹，投资者能够以低于市价购入一项创意类产品。"而更多人感兴趣的不仅仅是产品，这里面有支柱和投资的成分，他们非常期待跟创业者一起完成一件事。这是产品众筹与电商平台最大的不同——参与感。"追梦网联合创始人陈卫邦告诉《第一财经日报》记者。

而股权众筹则是非常令人着迷的模式，因为它有点类似于投资一家未上市公司，从而带来巨大的回报，也可能亏得分文不剩。

"跟一般的天使投资一样，众筹可能产生非常大的收益，但是投资者也必须做好可能血本无归的准备。"爱创业 CEO 顾冰告诉记者，"这也决定了股权众筹的规模不可能有 P2P 那么大，但它可以作为资产配置的重要一环。"

4. 众筹的风险

别看产品众筹只是花了几十元到数百元的小钱，预购一款新产品，其实产品预售类众筹中也存在风险。比如，一位投资者在一家知名众筹平台上众筹了一块可穿戴智能手表，就遇到在交货期限到了之后迟迟不能交货的状况。

其实，在产品设计和测试基本完成之后，产品的生产过程中还可能遇到众多的问题，需找生产商、量产过程中难以保证质量等都可能成为延迟交货的原因。除了这些客观原因之外，更坏的情况是创业公司主观上的懒惰懈怠造成延迟交货。

而即便你众筹的产品及时到手，你还可能遇到这款产品与当初的预期不符或者粗制滥造的可能。

而如何确保风险降到最低，则考验一家众筹平台的运营能力。一般情况下，许多平台在前期会对项目发起人进行审核，会查看项目发起人的网络关系和网络痕迹，如果之前没有一点迹象要做这个项目，平台则不会通过，另外，平台还要审核项目的可行性报告，如果觉得可行才会通过，目前的审核

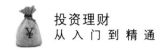

上线项目不超过全部申请项目的 10%。

而非股权众筹则本身就有分文不剩的投资风险，由于目前股权众筹尚处于初期，各种制度的不完善还会给投资增加难度。在传统的投资中，尽职调查、信息披露、财务审计等都由专业机构在做，但是在传统的模式下这些领域都存在缺失，投资者如何在事前去考核项目进行投后管理，这些都是有待解决的问题。

投资者在选择众筹产品时，以下技巧可供参考。

第一，产品市场：如果是众筹目标是某件产品，那么投资者首先应该考虑到的是产品市场的好坏。这里可以从行业的角度出发，了解该产品所在行业的动向整体局势发展如何，之后再去了解该产品在市场中的影响，以及市场竞争是否激烈等因素。只有市场优越，产品足够的市场，且行业竞争不大的产品上市之后才能够获得更多利润。

第二，众筹规则：这里主要需要了解的是融资成功之后多久能够收回本息，还有需要投资多少等问题，当然最为重要的一点则是如果融资失败之后投资者是否能够直接取回自己的投资成本，这是对于本金的一种保障，所以投资者需要全面了解众筹的规则，由于每个产品或企划的众筹规则不同，所以要求投资者必须进行选择。

第三，投资时机：这里主要看该产品是否能够成功融资成功。一般专家建议在众筹资金达到目标资金的 80% 的时候开始投资乃是最佳时机，因为投资越早获利越多，但是越早风险越大，80% 基本可以确定该产品必然会成功融资，且不会丧失太多收益。

这就是选择众筹投资时投资者必须重视的三大标准问题，也是最重要的三点。

余额宝理财的注意事项

互联网的发展，给人们的生活带来了很大的便利。人们可以通过互联网购买自己想要买的东西，就连投资理财现在也可以通过互联网来完成。现在可以通过互联网购买的理财产品也很多，余额宝就是其中一个可以直接通过网络购买的理财产品。

余额宝是支付宝为用户提供的账户理财服务，账户资金是认购的货币基金份额。因此可以将余额宝视为货币基金的一个销售平台。相对于传统货币基金，余额宝的创新之处在于实现了货币基金的 T+0 赎回，赎回资金实时到支付宝账户中，流动性较传统货币基金更强。而正是这一功能的实现，使得客户在形式上省去了基金份额赎回的操作，可以直接将账户余额用于即时消费支付、缴费和信用卡还款等，将投资理财和第三方支付功能融为一体。

所以，余额宝的本质是被称为"准储蓄"的货币基金，其独具的实时支付功能，使其对储蓄存款有了更强的替代性。而在国内理财市场上，投资者更多的是将银行理财产品视为储蓄存款的替代品。而余额宝和银行理财产品是风险收益特征不同的投资理财工具。

余额宝的收益率区间与银行开放式理财产品类似，大致在 3% ~ 4% 之间。只是银行开放式理财产品会公布的是预期收益率，并且部分银行开放式理财产品按投资期限不同区别设定预期收益率，预期收益率调整的次数通常不多，而余额宝根据基金净值变化每个交易日公布过去 7 天的年化收益率即

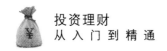
历史收益率，投资者可实时查询比较收益率的高低再做决定。投资者在进行余额宝理财时要注意以下几个方面。

1. 收益不固定，有波动就有风险

首先余额宝的收益是浮动的。余额宝就是天弘货币基金，理论上7天年化收益率是7%，也可能是3%。尽管余额宝的基金经理表示出现负收益的可能性几乎没有，但金融领域里的"黑天鹅"事件也还是发生过，像美版余额宝Paypal的货币市场基金因为金融危机出现大幅度亏本而无奈退出市场。

投资者不能想着有马云团队在帮自己打理，而让自己完全"沉睡"其中，要经常关注货币基金市场整体走向和国家的利率政策，发现风险上升的苗头或者达不到自己的投资要求时可以退出观察一段时间，等情况稳定了再投入。

2. "来去自由"，但是有条件

随着余额宝规模膨胀，其"T+0取款"的承诺也愈加压力沉重，不管是出于何种原因，余额宝已经开始放缓赎回速度、限制转入资金额度：余额宝用户转入支付宝，单日单笔不超过5万元，单月不超过20万元。

赎回风险主要是体现在用户大规模集中兑付，比如2015年的"双十一"购物活动，余额宝就形成了一个34亿元的支付洪峰，不过天弘基金化危机为转机，通过了考验成功率达到99.9%以上。

投资者需要注意的是，余额宝的合同里写着当发生"不可抗力""交易所非正常停市""当时净收益为负""连续两个或两个以上开放日发生巨额赎回""出现技术故障"等，基金公司有权暂停赎回业务或延迟赎回到账时间，这些合同条款限制了提款自由，无疑也增加了理财的风险。

3. 小心木马偷盗

2015 年就出现过好几起用户余额宝资金被盗事件。那些人借用户网购、下载的机会，把木马病毒伪装成图片、网址或二维码等形式，诱使用户安装木马，用户一旦使用余额宝，木马就会通过篡改页面或金额的方式使资金自动转账。除此之外，还有人通过用假身份证补办他人的手机 SIM 卡，通过手机短信修改支付宝密码实施资金转移。

好在余额宝承诺，如果余额宝被盗，只要不是用户自己的问题，支付宝都会赔付。不过余额宝的红火，木马、黑客肯定会紧紧盯着、找空儿钻。想想，如果资金被盗，即便支付宝愿意全额赔付，是不是也需要时间成本？更何况，拒赔也不是不可能。

4. 政策指挥棒，让往哪走往哪走

其实所有的投资，都要了解相关监管政策和走向，要不然有了风险根本来不及防范。比如有媒体报道说，证监会正针对货币基金制定规范，有可能取消货币基金"提前支取不损失利息"这一特权，那将大幅增加余额宝的运营成本，进而拉低货币基金的收益率，从而引发一系列的反应，比如导致赎回潮。

的确，受国家政策的影响，余额宝的收益率一路走低。在余额宝刚开始上市时，一度高达 7% 以上的收益率让余额宝一时风头无两。一时间，市场上以余额宝额为样板的"宝宝"类互联网理财产品层出不穷。

然而，繁华终将落尽。2014 年 2 月起，"余额宝们"受到了来自传统银行业的"围剿"。再加上各大互联网公司严重的同质化产品竞争，以及货币市场流动性逐渐宽松等多重因素影响，"余额宝们"收益率一路高开低走。对于余额宝和数量过亿的"宝粉"来说，瓶颈期来得比意料中更早。

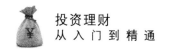

微信理财通实现零钱理财

2014 年初，微信理财通正式上线，理财通是由腾讯公司推出的基于微信的金融理财开放平台，首批接入华夏基金等一线大品牌基金公司。理财通操作便捷，用户只需要在智能手机上下载微信 APP，打开微信，点击"我的银行卡"界面中"理财通"进入相关基金公司开户并通过微信支付申购，微信支付绑定的银行卡必须是储蓄卡（借记卡）。没有时间限制，何时何地均可操作。

理财通在 2014 年 1 月 22 日发售，发售当天七日年化收益率为 7.394%，远高于其他理财产品。据公开资料显示，理财通起存为 0.01 元，很好地解决了用户闲散资金的理财问题。同时，因为与银行卡直接绑定，用户转入、转出也更加快捷方便。目前，微信理财通还是限额购买，农业银行、中国银行、建设银行可以实现单笔最高 5 万元转入，单日 50 万元封顶，但招商、民生、兴业等银行单日单笔转入限额仅 5000 元。

微信"理财通"开通过程比余额宝更方便快捷。目前，有民生银行、兴业银行、中信银行、工商银行、招商银行、浦发银行等 10 余家银行支持微信支付。用户绑定银行卡后，就可以进行理财通的基金购买。上述银行均对单笔单日交易额度做出了限制，民生银行和兴业银行限额最低，为单笔单日 5000 元，招商银行为每天每笔 3 万元，中国银行单日单笔 5 万元，工行单日单笔 1 万元。此外，工商银行和浦发银行更是对单月总额做出限制，工商银

行限定单月总额 5 万元。对于交易额的限制，微信表示为"银行限制，无法
调整请谅解"。

当然，与其他理财相比，理财通有安全保障。理财通后台有腾讯的大数
据支撑，海量的数据和云端的计算能够及时判定用户的支付行为存在的风险
性。基于大数据和云计算的全方位的身份保护，最大限度保证用户交易的安
全性。同时，由于过分强调安全性，容易造成银行卡丢失后资金难以取回的
局面。理财通要求原安全卡挂失后需银行开具挂失证明，才能办理安全卡更
换，造成客户使用极大不便，严重影响客户体验。

腾讯的财付通为微信理财通打造一整套的安全机制和手段。这些机制和
手段包括：硬件锁、支付密码验证、终端异常判断、交易异常实时监控、交
易紧急冻结等。这一整套的机制将对用户形成全方位的安全保护。

并且，财付通与中国人保财险（PICC）达成战略合作，如果出现微信理
财通账户被盗被骗等情况，经核实确为财付通的责任后，将在第一时间进行
全额赔付；对于其他原因造成的被盗被骗，财付通将配合警方，积极提供相
关的证明和必要的技术支持，帮用户追讨损失。

在赎回方面，理财通只能转出到一张银行卡内，且"仅可使用安全卡购
买赎回"。理财通第一笔购买使用的银行卡将作为理财通安全卡，资金仅可
使用此卡进行购买与赎回。单次赎回限额为 5 万元，每天可以赎回 5 次，每
月赎回的限额为 100 万元。从到账时间来看，微信理财通支持工行、农行、
建行等 11 家银行 2 小时到账，其他银行 1 ～ 3 天内到账。

微信理财通起存低，但是不同银行有最高限额。在购买的时候，一个是
要调整银行卡的转账上限，或者是单笔分批购买。也可以选择不同的银行卡
购买，提高购买上限。鉴于微信理财通每日结算收益，每天 3 点之前操作最

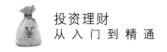

好，否则将延长一天获取收益。此外，周末购买要等到周一才计算份额，尽量避免周五操作。

理财通实行密码支付，我们需要认识到在自己支付时的密码设置对于自己的账户安全有一定的影响。第一，从设密码做起设置密码时，避免选择生日、车牌、手机号、身份证等个人信息，以免被轻易猜到；也不要与微信或其他产品的密码一样。第二，要严守"秘密"不要向他人透露自己的具体密码或设置密码的规律。第三，定期修改密码定期修改密码，避免与之前设置的密码一样。第四，认准"微信安全支付"输入支付密码前，请在屏幕上方确认第二行标题是否为"微信安全支付"。

随着理财通的发展，其功能越来越健全。现阶段，理财通实现"零钱"一键理财的功能。红包现金不须经过银行卡提现的中间环节，可直接从零钱一键申购理财通的理财产品。目前，"零钱"可以通过对接货币基金坐享"钱生钱"，首次上线对接的是易方达、华夏和汇添富三大基金公司旗下三只货币基金。

"零钱"理财有望改写互联网对接货币基金的理财市场格局，提高理财通货币基金规模和在互联网理财的地位。"零钱"理财功能立足于目前微信用户的庞大与"零钱"中的数百亿存量规模，意在撬动数亿红包用户，转化成为理财资金。理财通的申购方式打破了以往单一的银行卡申购模式，趋于多元化，更加便利，帮助用户实现"钱生钱"，这是互联网理财的一个新的突破。